公路交通运输与经济发展探析

胡万东 李得斌 张豪杰 著

辽宁大学出版社 沈阳
Liaoning University Press

图书在版编目（CIP）数据

公路交通运输与经济发展探析/胡万东，李得斌，张豪杰著. --沈阳：辽宁大学出版社，2024.12.
ISBN 978-7-5698-1849-9

Ⅰ.F542.3

中国国家版本馆 CIP 数据核字第 20240DP955 号

公路交通运输与经济发展探析
GONGLU JIAOTONG YUNSHU YU JINGJI FAZHAN TANXI

出　版　者：	辽宁大学出版社有限责任公司
	（地址：沈阳市皇姑区崇山中路 66 号　邮政编码：110036）
印　刷　者：	沈阳市第二市政建设工程公司印刷厂
发　行　者：	辽宁大学出版社有限责任公司
幅面尺寸：	170mm×240mm
印　　　张：	14
字　　　数：	230 千字
出版时间：	2024 年 12 月第 1 版
印刷时间：	2025 年 1 月第 1 次印刷
责任编辑：	李珊珊
封面设计：	徐澄玥
责任校对：	夏明明

书　　号：	ISBN 978-7-5698-1849-9
定　　价：	88.00 元

联系电话：024-86864613
邮购热线：024-86830665
网　　址：http://press.lnu.edu.cn

前　言

公路交通运输作为国民经济的重要组成部分，对经济发展具有深远的影响。首先，公路运输以其灵活性和广泛性，为区域间的货物流通和人员流动提供了便利，加速了资源配置的效率，降低了物流成本，从而促进了经济活动的繁荣。其次，公路网络的完善能够带动沿线地区的商业发展，吸引投资，创造就业机会，推动地方经济的增长。此外，公路运输的便捷性也有助于旅游业的发展，吸引游客，增加旅游收入，进一步带动相关产业链的发展。最后，公路交通的建设和维护还能推动相关产业的发展，如建筑业、汽车制造业等，形成产业链的良性互动。因此，深入探析公路交通运输与经济发展的关系，对于优化交通布局、制定经济政策、促进区域经济协调发展具有重要的理论和实践意义。

本书从公路运输的基础知识入手，全面分析了公路运输对经济发展的推动作用和影响。通过对公路大件运输技术、安全管理、运输生产与组织形式的深入剖析，书中揭示了高效运输系统对提升经济效率的重要性。同时，作者还关注了城市交通经济的协调发展，探讨了交通管控与城市公共交通、轨道交通的融合对促进区域经济一体化的作用。书中强调了交通运输的供给、成本、外部性及其基础设施的经济特性，为实现交通运输与经济的可持续发展提供了理论依据和实践指导。

在本书写作的过程中，参考了许多参考资料以及其他学者的相关研究成果，在此表示由衷的感谢。鉴于时间较为仓促，水平有限，书中难免出现一些谬误之处，因此恳请广大读者、专家学者能够予以谅解并及时进行指正，以便后续对本书做进一步的修改与完善。

作　者

2024 年 9 月

目　　录

前　言 ··· 1

第一章　公路交通运输概述 ··· 1

　　第一节　交通运输业基础知识 ·· 1
　　第二节　公路运输效果评价 ·· 9

第二章　公路大件运输技术与安全 ··· 18

　　第一节　公路大件运输概述 ·· 18
　　第二节　大件运输组织 ·· 28
　　第三节　大件运输安全管理 ·· 44

第三章　公路运输生产与组织形式 ··· 52

　　第一节　公路运输生产计划工作组织 ··· 52
　　第二节　公路货物运输组织形式 ··· 66

第四章　公路旅客运输组织与公交客运组织 ·· 86

　　第一节　公路旅客运输组织 ·· 86
　　第二节　城市公交客运组织 ·· 109

第五章　交通运输供给 ··· 122

　　第一节　运输供给概述 ·· 122

第二节　运输成本 ··· 133

　　第三节　运输的外部性 ··· 138

　　第四节　运输基础设施的经济特性 ································· 147

第六章　城市交通经济的协调发展 ····································· 157

　　第一节　交通管控模式与城市公共交通的融合 ····················· 157

　　第二节　交通管控模式与城市轨道的融合与经济协调发展 ········· 183

第七章　交通运输与经济发展 ··· 188

　　第一节　交通运输的经济需求分析 ································· 188

　　第二节　交通运输与可持续发展 ··································· 200

参考文献 ··· 216

第一章　公路交通运输概述

第一节　交通运输业基础知识

一、交通运输业的概念与分类

交通运输业（又称交通运输服务业，简称运输业）是专门从事旅客和货物位移活动的特殊的物质生产部门。

交通运输服务业包含交通、运输、服务三重含义：

交通是指交叉流通的意思，意即人或物沿各自不同的方向流动，也就是指人或物的空间位置的移动过程；而为实现人和物的位置移动提供服务所进行的经济活动，称为运输，它是帮助人们达到流动目的而进行的一种经济活动，是人们使用运输工具在一定的交通线路上实现人或物的位置移动；这里说服务，主要是对运输的劳动过程的特殊性而言，运输生产的劳动过程本身能产生能被人们消费的有用效果。因此，通常将向需求者提供服务的过程称为运输服务（运输生产），而将运输服务的结果（劳务），称为运输产品。

运输业是服务行业，但某些运输活动也相应地参与了国民经济的创造，如为生产过程服务的货物运输及旅客运输等，因此它同时是一个特殊的物质生产部门。

根据运输采用的运输工具和线路的不同，运输可分为铁路运输、公路运输、水运（航运）、航空、管道运输五种方式。各种运输方式都有自己的技术经济特征和优缺点。它们相互联系依赖，相互补充，构成了统一的运输网络。

公路运输是近期发展较为迅速的一种运输方式，是指人们利用一定的运输工具，如人力车、畜力车、拖拉机、汽车等，沿公路的某个方向进行旅客和货物的位移活动。对公路运输的定义，在不同的场合有不同的理解。首先，从运输方式的分类来看，公路运输是五种运输方式的一种，是有别于其它运输方式的一种独立的运输方式，因此陆地上除了铁路以外的运输都属于公路运输，这就是广义上的公路运输；由于公路运输依靠的运输工具主要是汽车，因此，从狭义上说，公路运输就是汽车运输；但是，在我国，由于城市汽车运输和一些专用道路的汽车运输管理权不属于同一部门，因此，人为地又将汽车运输分为公路运输和城市运输，这里的公路是指经公路主管部门验收认定的城间、城乡间、乡间能行驶汽车的公共道路。

为了更好地对现代交通运输业进行分类研究和管理，使之更好地为社会服务，我们经常对交通运输业进行以下几种主要分类：

（一）按运输对象分

旅客运输以旅客为运输对象，简称客运。货物运输以货物为运输对象，简称货运。

（二）按服务性质分

营业性运输是为社会性需求提供服务，发生各种方式费用结算的运输。

非营业性运输是为本单位工作、生产、生活服务，不发生费用结算的运输。

在实际运输过程中，货物运输中出现大量的自货自运（如批发来的商品）和为生产过程服务的运输（如自己运输本企业生产需用的原料等），这些运输完全符合非营业性运输的定义。但实际工作中，这种运输属不属于营业性运输一直是运管部门和运输业户矛盾的焦点。如果算作营运，它明显没有营业，属于自货自拉，没有发生直接的运费结算；如果不算营运。一是很难区分自货自拉中这个"自"字的范围，而且这些货物在运输过程中均得到了增值，属于生产性运输，二是司机拉货都可说是为自己拉的货，这将为无营运证车辆从事营运提供可趁之机，为运政执法管理带来了麻烦。因此，有些运管人员建议将货车的营运证改为运输证更为合适,但汽车货车本身就是运货的,办这运输证又和货车的设计意图相违背,有画蛇添足之嫌。

(三) 按运输方式分

铁路运输以铁路轨道为运输通道,以火车为运输工具进行的运输。

公路运输以城间公路和城市道路为运输通道,以汽车为主要运输工具进行的运输。水路运输以水上航道为运输通道,以船舶为主要运输工具进行的运输。

航空运输以航线为运输通道,以飞机为运输工具进行的运输。管道运输以管道为运输通道进行的运输。

(四) 按运输目的分

通勤运输它是为职工上下班服务的。通学运输它是为学生上下学服务的。公务运输它是为职工联系公务服务。旅游运输它是为观光、游览服务的。

生活运输它是为购物、就医、探望亲友等服务的。物资运输即各种货物运输。

二、交通运输业的任务和特点

交通运输业是一个特殊的物质生产部门。它的根本任务就是要在不断提高生产技术、劳动生产率和经济效益的基础上,及时满足社会生产和人民生活日益增长的对运输的需求,为社会提供安全、及时、经济、方便、舒适的运输劳务。

这是由它的特殊性所决定的。

交通运输业和工业、农业等物质生产部门相比,无论是生产力三要素的构成、生产过程还是产品的特性都有自己的特点,了解这些特点及其在经营管理上的特殊要求,对发展交通有现实意义:

①具有独特的生产过程——在运输生产过程中,不改变劳动对象的属性或形态,只改变其位置。这就要求我们在进行运输生产过程中,要把质量放在首位,全面推行质量管理。客运的运输质量要求是:安全、及时、经济、

方便、舒适。而货运对运输的质量要求是：安全、及时、经济、方便。

②它的产品是运输劳务。这是一种特殊的产品，不具实物形态，其生产和消费是同一过程，不能调拨，不能储存。这就要求我们根据实际需要，合理布局运力，适时组织生产，并使运力略大于运量。

③对综合经济水平的依赖性。运输对象不因运输而增多，但运输过程中却要消耗大量的人力、物力和财力。这就要求我们及时了解运输需求，科学组织，以最小的运力为社会提供最优质、最全面的服务。同时加快基础设施建设，刺激运输消费，扩大内需，发展经济。

④运输业是连接生产领域和消费领域的中介、纽带和桥梁。运输活动的广泛性和深入性，决定了它在社会经济生活中的重要地位，在日常生活中很难找到一件不经过运输而来的物品，我们周围的每一个人也几乎都经过了多次的运输。这就要求我们充分认识运输业的先行官作用。运输业的发展既依存于其它产业部门的发展，又对整个社会经济活动及其规模的扩大具有决定性的作用。这也正是我们国家通过大搞交通基础设施建设来拉动内需的起因。一般来说，交通建设每投入一亿元的建设资金，就可产生三亿元的国内生产总值（GDP），可创造2000个就业机会。

⑤运输部门只掌握了生产力三要素中运输工人、运输手段两个要素。这就要求我们在生产中积极争取运输对象，有效地研究运输对象的有关隐患，包括客货流量、流向、流时及其变化规律，妥善处理好与运输对象的关系，扩大自己对客源、货源的市场拥有量。

⑥运输业建设周期长，投资大，涉及部门和环节多，但其形成的社会综合效益也大。因此我们在评价运输投资项目时，必须注意其全面性和特殊性。

⑦运输过程中的材料消耗主要是劳动工具的消耗，而不是运输对象的消耗。因此，其资金运作和成本构成不同于其它行业，运输业是一个微利行业。

⑧各种运输方式的替代性强，因此而造成的竞争也较为激烈。但他们的技术经济特性不同，在完成同样的运输任务时，其投入和效益均有较大的区

别。因此，运输业既要鼓励竞争，又要防止无序竞争。做到扬长避短，分工合作，协调发展，这是一项关系到国家经济利益和人民生命财产安全的大事。中国公路运输管理的核心在于构筑一个统一、开放、竞争、有序的运输市场。

⑨运输业的生产过程是一个流动的、延伸的、多环节、多工种的联合作业过程。特别是公路运输生产，更具有点多、面广、灵活、机动、流动、分散的特点。这就要求我们在管理体制、生产组织、经营观念，特别是选用人才方面都要适应运输业的生产特性，培养司乘人员独立作战的能力。生产关系要服从生产力的发展而不能阻碍生产力的发展。

三、公路运输业

（一）公路运输业的优势与不足

公路运输是现代运输中重要的运输形式之一，与其它运输方式相比，具有一定的优势，也存在着不足。公路运输具有点多、面广、灵活、机动、流动、分散、迅速、直达的特点。这是由它的运输通道和运输工具即公路和汽车的特性决定的。具体特点如下：

1. 机动灵活，运输方便

公路运输密布全国，覆盖区域大，铁路、水运不能到达的地方，汽车均可到达。汽车既是其它运输方式的接运和集散工具，又可自成运输体系，机动灵活。这是因为：

首先，公路运输受班次、编组和调度的限制较少，一般不需要中途倒运、转乘等中间环节，对起运、运行和到达可视客、货具体情况而定。因此，在运输时间上，汽车的机动性较大，车辆可以随时调度、装车和移动，从而大大提高了运输速度。而铁路、水运等局限性较大。其次，汽车的载质量有大有小，对客、货批量的大小有很强的适应性，既可单车运输，也可由若干车辆组成车队同时运输，能满足各种用途对运输的需要。既可承担大批量货物在中、短途的直达运输，也可承担零星杂货的集散运输，特别适合于对较小批量物资及人员的紧急运输，这对救灾、抢险工作和军事行动具有重要意义。

公路运输灵活机动的特性在很大程度上满足了不同层次经济活动对运输的需求，从而使公路运输具有较强的竞争性。其它运输方式由于受到众多客观因素的限制而较难做到这一点。

2. 可实现"门到门"的直达运输

由于我国公路网的密度比铁路网、水路网的密度大十多倍，分布面广，决定了公路运输是"面上运输"的代表，而铁路、水路运输则属于"线上运输"，航空运输属于"点的运输"。汽车的渗透性强，几乎可到达任何地域，为客户提供"门到门"的服务。汽车运输可以把旅客从居住地直接运送到目的地，也可以把货物从发货仓库门口直接运送到收货单位门口。因此汽车除了可以沿公路网运行之外，还可以深入工厂、矿山车站、码头、农村山区、城市街道及居民点。空间活动的区域大，这是其它运输工具所办不到的。

3. 运送速度快

汽车运输可以实现"门到门"的运输，中间不需中转，因而运送时间短，货损货差少。

4. 原始投资少，资金周转快，经济效益高

汽车运输与其它运输相比，其固定设施及车辆购置等原始投资较低，且资金周转快，原始投资回收期短。我国一些经营比较好的汽车运输企业，一年左右即可收回购车费用。

汽车运输虽然有以上优点，但也有不利的一面，主要体现在能耗高，污染大，安全性差，装运量小，单位成本较高，运输持续性和客运的舒适性较差等方面。

这是由以下原因造成的：

首先，公路运输业中单个运输工具——汽车的载运量较小，最高载运量约为200t左右，远远低于火车、轮船的载运量，造成公路运输单位成本高。这一点对于低价值、大批量和大宗货物的长途运输来说较为不利，造成了汽车运输在同其它运输方式的竞争中的某些局限性。

其次，汽车几乎全以燃烧燃料作动力，运行中排出大量的有害气体，还

带来噪声污染。另外，公路运输安全事故长期以来一直位居各种运输方式之首，给社会财产和人身安全带来较大的损失。

为了更好地增强公路运输在各种运输方式中的竞争力，公路运输应在经营方式上从分散逐步走向联合，并尽可能实行统一管理。而在组织形式上，积极开展快速直达运输，依靠高速公路，发展汽车快速货运和快速客运组织方式。同时积极采用现代技术，包括全球定位技术、移动通信技术、计算机信息管理技术及道路智能运输系统（ITS），不断满足汽车运输组织所需的各种功能支持，从而改变传统的汽车运输经营观念、方式和运输组织结构，大幅度提高运输效益。

（二）公路运输的功能

根据公路运输的经济特性，汽车运输主要承担以下功能：

1. 主要担负中、短途运输

公路运输在中、短途运输（800公里内）中，经济技术性较好。

2. 衔接其它方式的运输

充分发挥公路运输灵活机动的特点，积极为其它运输方式进行客、货集散。

3. 独立担负小批量长途运输

虽然各种运输方式都有各自合理的经济里程，但由于需要，汽车也经常独立担负小批量的长途运输任务。

（三）大力发展公路运输业

公路运输作为综合运输的基础，在促进国民经济发展和社会进步中发挥着重要作用。我们应该抓住当前全国加快交通基础设施建设的有利时机，积极调整运输结构，扩大运输需求，建立与国民经济发展相适应的统一、开放、竞争、有序的道路运输市场，大力发展公路运输业。

1. 积极调整优化运力结构

在客运方面，要坚持"先批线、后购车"的原则，新增高速公路快运应是高档车，干线公路客运应是中级以上车辆，农村客运应是普通车以上。对已在高速公路和干线公路上营运且不具备上述条件的车辆要限制其发展，并逐步淘汰。禁止自行改装客车、箱式代客车、破旧报废客车、拖拉机等从事客运。在货运方面，要鼓励发展大吨位和专用运输车辆。要根据营运客货车的不同性能，就缩短车辆折旧营运里程和使用年限作出规定。

2. 进一步深化运输企业改革

运输企业走公司化、集约化、规模化经营之路。一是要以国有大中型运输企业为主体，按照现代企业制度的要求，建设大型高速公路客（货）运输股份公司，迅速开拓高速公路客货运输市场。二是鼓励以国有大中型企业为龙头，进行资产重组，实施优势互补，共同发展。三是支持公有制专业运输企业采取融资购车，吸纳社会资金等形式，增大企业实力。四是鼓励个体运输业户采取股份制方式，走规模化发展之路。

3. 突出抓好道路货运业的发展

各级运输管理部门要抓好市场调查，依托商品市场，发展货运市场。要根据市场货源的类别、流向、数量，采取灵活多样的运输方式，大力发展快货、大件、集装箱、保鲜、高附加值商品等专项运输，以及易燃、易爆、有毒等特种运输。要抓好运输服务业的开发和建设，为运输企业和运输业户及时提供信息、技术、劳务等多方面服务。

4. 高度重视发展农村运输业

针对农村运输站场设施简陋，运输工具落后，组织化程度不高，农民出行难、出货难，农产品不能及时转化为商品，影响农业产业化和农村城镇化建设等问题，应采取措施加快农村运输业发展。

一要加强乡镇站场建设；二要加快农村运输车辆的更新换代，提高车辆档次，适应农业产业化发展需要；三要引导农村运输业户走向联合，提高农村组织化程度。

5. 加快运输信息网络化建设和货运站场建设

道路运输信息业不发达已成为制约道路运输现代化的重要因素。各地应建设能覆盖全省、联通全国的运输信息网络。要抓好规划，建立道路运输信息中心，建立运输信息网络。要加快客运、货运、运政管理系统的软件研究与开发，尤其是软件的推广和运用，要加快计算机网络建设，搞好科技人员的培训。

站场建设的重点是高速快运和农村运输市场急需的站场建设，对现有的站场要进一步配套完善，增加科技投入，提高其功能。在提高政府对站场建设的投资的同时，还应鼓励企业投资站场建设，建立多元化投资主体。

6. 加强行业精神文明建设

提高行业整体素质，要重点抓好以下几项工作：一是加强道路运输法制建设工作。要加快行业立法进程，建立健全行业管理标准和制度，加强岗位培训和法制宣传，增强全行业依法管理、依法经营的自觉性。二是按照"三治理一加强"（治理车辆、治理班线、治理车站，加强管理）的要求规范市场运输管理。各级政府要组织交通、公安、工商、物价、税务等部门，针对当前道路运输市场存在的突出问题，开展综合治理，坚决刹住"宰客""倒客""甩客"和欺行霸市等行为，维护良好的市场秩序。三是深化运政管理体制改革。要适应国家规范道路和汽车收费改革的形势，积极做好下岗分流、减员增效和再就业工作，保持队伍稳定，促进行业发展。四是抓好职工队伍的思想作风建设。通过深入开展思想作风教育整顿，提高行业人员的整体素质，使广大职工做到"爱岗、敬业、奉献"，为社会提供优质服务。

第二节 公路运输效果评价

交通运输业的特殊性决定了公路运输组织的效果评价体系也与一般的工业企业不同。由于运输业产品不具实物形态，这就决定了运输产量评价的特殊性；由于其独特的运输方式，决定车辆运用效率评价的独特性；由于其生产过程中的劳动消耗主要是生产工具的磨损和燃料的消耗，决定其必须采用独特的消耗指标；另外，运输服务业必须提供安全、及时、经济、方便、舒适的客运服务和安全、及时、经济、方便的货运服务，因此，其运输质量评价体系也与其它行业不同。

一、公路运输效果评价的意义

运输工作是多环节多因素影响的复杂工程，组织与管理水平的高低，对运输效果起着决定性影响，并直接影响着运输为之服务的整个社会的效益。古代军事家都懂得："兵马未动，粮草先行"的道理，也正因为如此，诸葛亮才费尽心机设计出"木牛流马"。因此，要提高运输效率，并不是加班加点、革命加拼命就能达到效果的，而且会适得其反。我们必须采用科学的手段，利用系统工程的方法来进行运输组织，只有这样才能取得事半功倍的效果。

公路运输组织是一个系统工程，组织水平的高低直接影响运输生产力的发展，同时公路运输组织本身又受管理体制、从业者的生活习惯以及科学技术发展水平影响。这里我们分析几种公路运输组织方式的运输服务效果。

（一）我国传统的运输组织模式

我国传统的运输组织模式主要是指在现代物流业发展之前，中国物流业的运作方式。这种模式具有以下几个特点：

分散性：传统的运输组织模式中，运输资源分散在各个企业或个体经营者手中，缺乏有效的整合和协调。

低效率：由于资源分散，运输工具的利用率不高，导致运输效率低下。同时，信息流通不畅，使得运输过程中的等待和空驶现象较为普遍。

单一性：运输方式相对单一，主要以公路运输为主，铁路、水运等其他运输方式的利用不足，限制了运输的灵活性和多样性。

手工操作：在传统的运输组织模式中，很多环节仍然依赖手工操作，如货物的装卸、运输单据的填写等，这不仅效率低，也容易出错。

缺乏标准化：运输过程中缺乏统一的标准和规范，导致不同运输主体之间的协作困难，增加了运输成本。

服务水平有限：由于技术和管理水平的限制，传统运输模式下的服务质量普遍不高，难以满足客户多样化和个性化的需求。

依赖人际关系：在运输组织过程中，很多业务的开展依赖于人际关系和口头协议，缺乏正式的合同约束，增加了交易风险。

随着经济的发展和科技的进步，我国传统的运输组织模式正在逐步向现代物流转型。现代物流业通过信息技术的应用，实现了运输资源的整合和优化，提高了运输效率和服务质量，降低了运输成本，更好地满足了市场的需求。同时，政府也在推动物流行业的标准化和法制化建设，以促进物流行业的健康发展。

（二）经过调度后的汽车运输组织方式

循环运输作为一种高效的汽车运输组织方式，其核心在于实现车辆的连续运行，减少空驶和等待时间，从而提高运输效率和降低成本。这种运输方式要求对运输路线进行精心规划，确保车辆在完成一次运输任务后能够迅速接到下一个任务，形成闭环的运输流程。例如，车辆在将货物从一个地点运输到另一个地点后，可以在目的地附近直接装载新的货物，然后继续执行下一个运输任务，避免了空车返回的浪费。

为了实现循环运输，需要对运输需求进行准确预测，并根据货物流量、流向和时间分布进行合理调度。这通常涉及到使用先进的信息技术和调度软件，以实时监控车辆位置、货物状态和运输需求，实现动态调度和优化。此外，循环运输还需要考虑车辆的维护和驾驶员的休息时间，以确保运输的安全性和合规性。

除了循环运输，其他运输组织方式如往复式、交叉式、三角式和多角式等，也各有特点和适用场景。往复式运输适用于两点之间的频繁运输需求，通过固定路线和时间表来提高运输的规律性和可预测性。交叉式运输则适用于多个运输点之间的货物流动，通过交叉连接不同路线来提高运输网络的灵活性和覆盖面。三角式和多角式运输则进一步扩展了运输网络，适用于复杂的物流需求和多地之间的货物交换。

线上作业、树形作业和破圈甩段等调度方式则更多地关注运输过程中的作业组织和流程优化。线上作业强调沿固定线路的连续运输，树形作业则类似于树枝分布，从一个中心点向多个方向辐射，而破圈甩段则是打破传统的运输路线限制，根据实际需求灵活调整运输路线和任务分配。

总之，通过科学合理的运输组织和调度，可以显著提高汽车运输的效率和效益，减少资源消耗，为社会提供更加优质、高效的运输服务。这不仅需要先进的技术和管理手段，还需要运输企业和相关部门之间的密切合作和协调。

(三) 以智能技术为基础的全自动调度系统

随着科学技术的发展，一种智能型的全自动调度系统将更合理快捷的组织汽车运输。

建立在卫星定位、无线电数据传输和数字式地图基础上的调度软件能够自动识别所有联网汽车的位置。调度员可以从显示器上看到这些位置。此外，计算机还能够识别所有的路线通行情况，以便在必要时提供给调度员和驾驶员参考。

如果货主打电话给调度中心要求运货，值班人员必须向系统输入装卸地点、时间、货物种类及数量，以便立刻启动自动计算，短短几秒钟之后，电脑就可以算出位置最佳的联网车辆和预见的装货时间。调度员马上通过电话把情况告知货主并且在得到确认之后，经无线电数据传输系统通知车辆执行任务。

这种汽车运输组织方式不但大大降低了调度员的工作负担，而且在为用户提供快速周到的服务同时，还大大节约了人力，降低了消耗，提高了运输效益。

二、公路运输组织效果评价指标

公路运输评价主要指标分运输产量指标体系、运输效率指标体系、运输消耗指标体系和运输质量指标体系四个部分。

(一) 运输产量指标体系

公路运输业要最大限度地满足社会各物质生产部门和人民群众日益增长的对运输的需求。公路运输组织的产量指标就是从数量上体现公路运输满足社会需要程度的大小的指标，也是衡量运输业为社会提供运输劳务多少的指标。

1. 客、货运量

运量是统计期内实际运送的客货数量，旅客用人数表示，货物用吨表示。

2. 客、货周转量

周转量是统计期内客货运量与其（平均）运距的乘积，客运量以人公里为单位，货运量以吨公里为单位。周转量既考虑了运量因素，又考虑了运距因素，因此它综合反映了公路运输部门为社会提供的运输劳务，同时，它也是比较劳动消耗的根据。

客货运输量统计工作中，不仅分别计算货物运输和旅客运输的劳动成果，还要综合考虑客货运输生产量的数值。在实际工作中，采用"换算吨公里"来表示。客货周转量的换算比例为1吨公里＝10人公里。有了换算比例后，如果同一次运输中有客货同装的现象时，也可很方便地计算运输量了。如某一客运过程中，带有行包，则

客运周转量＝旅客周转量＋货物周转量×10（人公里）

为了正确地进行客货运输量统计，需要遵循以下四个原则：

按运输工具管理系统统计的原则——即不论在什么地方完成的运输量，均由车辆所属企业进行统计。

按到达量统计的原则——即报告期内运达目的地并已经卸完的货物，才统计为该报告期的运输量。一个独立经济核算的汽车运输企业内部采用同种运输工具接运的同一批货物，其货运量不得重复计算。

按实际重量和实际人数统计的原则——货物运量应按单据上记载的实际重量统计，而不得按计费重量统计。旅客运量也要按行车路单上记载的实际人数统计，对于按公共汽车售票方式的农村班车，由于旅客上下频繁，无法记录行车路单时，则可将客票收入按基本运价折算为人公里，并乘以修正系数求得；

按运输单据记载的距离统计的原则——车站因故改道运行或进行循环运输，均应按运单或客票所记载的到发站之间的距离计算周转量。因回站压载或循环运输产生的虚耗工作量不得统计为周转量。

（二）运输效率指标体系

汽车运输生产率的影响因素是复杂和多方面的，正是这许多的因素的共同作用才决定了最终的运输产量。每一步计算均形成一个效率指标。

某些场合还要用到实载率，实载率＝里程利用率×吨位利用率。

实际上这种计算方法为我们提供了一个分析方法，即所谓的因素比较法，也叫连环替代法，用于逐项分析汽车的运输生产率。这里影响产量的因素很多，通过逐项核对各因素实际与计划的差异，分析各因素的实际变化对最终结果的影响，寻找问题所在，以便不断总结经验，克服薄弱环节，确保生产运输效率不断提高。

在分析时，应注意"先数量，后质量，先有先分析，后有后分析，分析过的用报告期，没有分析的用基期"。其具体含义是说：

（1）排列时，应先排数量指标，后排质量指标，而且算式往下每进行一步都得出一个合乎逻辑的中间结果，分析顺序应按排列顺序进行。如打乱该顺序，将会导致逻辑上的混乱和计算结果的差异。

（2）顺序确定后，就可采用因素比较法对统计数据进行分析，具体方法是按顺序逐一确定某一因素对产量的影响。每进行一个因素分析时，将已分析过的因素的实际值和未分析过的因素的计划值设定为同度量因素，既可分析相对影响值，也可计算出实际影响值。

（3）针对因素比较结果进行定性研究，以寻找其内在原因。

因素比较法可以对各项指标的实际执行结果与计划结果的差异进行单独的分析，但必须辅之以定性的方法，做进一步的研究，以寻找各项指标变动的原因。

（三）运输消耗指标体系

（1）平均百车公里消耗量（公升/百车公里）＝实际消耗量×100/总车公里

（2）平均百吨公里消耗量（升/百吨公里）＝实际消耗量×100/自载和拖带的换算周转量

（3）节（亏）油量＝实际消耗量－按定额计算的燃料应消耗量

（4）节（亏）油率＝节（亏）油量×100/按定额计算的燃料应消耗量

（四）运输质量指标体系

1. 万车公里死亡（伤）人数＝死亡（伤）总人数×10000/总车公里

在交通事故统计中，死亡、重伤、轻伤应由相关部门鉴定，并出具相关证明材料。死亡是指因交通事故当场死亡或伤后7天内抢救无效死亡的。

重伤是指有下列情况之一者：①经医生诊断成为残废者，或可能成为残废者；②伤势严重，需要进行较大手术才能挽救的；③人身要害部位严重烧伤烫伤，或虽非要害部位，但烧伤烫伤占全身面积三分之一以上的；④严重骨折（胸骨、肋骨、脊椎骨、肩甲骨、腕骨、腿骨和脚骨等因受伤引起骨折），严重脑震荡等；⑤眼部受伤较剧，有失明的可能；⑥手部受伤：大拇指轧断一节；食指、中指、无名指、小指任何一只轧断两节；任何两只轧断一节；局部肌腱受伤甚剧，引起机能障碍，有不能自由伸屈的残疾可能的；⑦腿部受伤：脚趾轧断三节以上的；局部肌腱受伤甚剧，引起机能障碍，有不能行走自如的残疾可能的；⑧内部伤害：内脏损伤、内出血或腹膜受伤等。轻伤是指表皮挫裂、皮下溢血、轻度脑震荡等情况。

2. 事故频率＝事故次数×10000/总车公里

根据人身伤亡或者财产损失的程度和数额，交通事故分为轻微事故、一般事故、重大事故和特大事故。

(1) 轻微事故

轻微事故指一次交通事故造成轻伤1～2人；或财产损失：机动车事故损失折款在1000元以下，非机动车事故损失折款在200元以下的。

(2) 一般事故

一般事故指一次交通事故造成重伤1～2人；或轻伤3人及3人以上；或财产损失在3万元以下的。

(3) 重大事故

重大事故指一次交通事故造成死亡1～2人；或重伤3～10人；或财产损失在3万元以上不足6万元的。

(4) 特大事故

特大事故指一次交通事故造成死亡3人以上；或重伤11人以上；或死亡1人，同时重伤8人以上；或死亡2人，同时重伤5人以上；或财产损失6万元以上的。

财产损失是指交通事故造成的车辆、财物直接损失折款，不含现场抢救（险）、人身伤亡善后处理的费用，也不含停工、停产、停业等造成的间接财产损失。

三、建立适合我国国情的运输组织模式

由上述分析可见，要解放运输生产力，搞好合理运输，就必须打破传统的管理模式，加快引进高科技。改革开放以来，我国汽车运输市场逐步放开，原来在计划经济条件下形成的货运组织方式越来越不适应市场经济的需要了，由于运输市场主体过度分散，出现了车货信息不灵、车辆相向空驶、亏载严重等问题，运输的效率、效益均难以提高。在这种形势下，货运配载业应运而生，成为我国运输代理业的雏型。随着运输市场的开放，我国已经打破了汽车运输企业传统的管理模式，从汽车运输企业实行单车承包、租赁或转让经营，到社会车辆挂靠经营等都是在为解放运输生产力作准备。而现在的汽车运输企业出过去的直接组织运输生产变为组织货源、发布信息，实际上也已经开始向货运代理方向转化。

我国汽车运输组织方式要真正发挥作用，必须做到以下几点：

①实现运输专业协作与分工，将汽车运输业户与汽车运输代理业分开。汽车运输业户搞好车型搭配、车辆维护与使用，主要从事直接的运输生产过程；而运输代理业主要从事信息的收集、汇总加工和发布，以及仓储、承托、装卸等间接的运输生产过程。

②建立信息网络系统。通过建立跨地区的运输网络系统，逐步发展货运电子商务，实现运输的网上交易，运输资源的优化配置，规范运输市场，使其经营方式由粗放型向集约型转变。构筑一个统一、开放、竞争、有序的运输市场。目前国内许多电子集团公司已经开发了适合我国国情的货运电子商务系统，如亚桥电子有限公司开发的《物流脉》货运电子商务系统已经在个别省市应用，并正在积极推广之中。

③采用计算机自动调度系统管理货运公司、货运站场、货运计划调度、货运车辆，进行货运线路查询、货运站场查询等，并可采用公路和桥涵子信

息管理子系统、运输工具自动定位子系统和最优线路规划子系统进行计划调度，提高运输效率。

④发展货运代理业，在具体操作上可以采用"抓大放小"的做法。所谓"抓大"，就是要通过搞集约经营，搞股份制联营，实现信息资源共享，充分发挥国家或大型运输代理公司的主导作用，代理业规模越大，其效能发挥越好。所谓"放小"，就是要实现车辆所有制的私营化，政府或大型货运代理机构推荐车型，经营户自己选购车辆并带车参与公司的统一调度管理。但不仅仅是目前流行的松散型的挂靠经营。

交通运输部早已提出了建设公路主枢纽公用型客货运站场系统的规划任务，并提出了主枢纽系统的五大功能，这就是运输组织功能、中转和装卸储运功能、中介代理功能、通信信息功能、辅助服务功能等，其中也涵盖了运输代理业的全部功能。现在，全国范围内的公路主枢纽规划建设正在有序地进行，各省也在规划建设各级公路主枢纽子系统。当公路主枢纽站场系统逐步建设并发挥作用后，我国将形成覆盖全国，并与其他运输方式相互衔接的汽车运输站场网络系统，而全国各地城乡的其他运输中介服务机构则是主枢纽系统的延伸和补充，这样的运输市场格局将有效地促进我国的交通运输业向产业化、网络化、现代化发展。

第二章 公路大件运输技术与安全

第一节 公路大件运输概述

公路大件运输是技术密集、人才密集、资金密集，行业跨度大，安全风险较高的运输类型，运输对象往往超出公路、桥梁等各种建筑的正常通行能力以及限界规定。在运输组织流程当中，其有别于普通货物运输的显著特点是：除了有提前申报通行并按指定的线路和时间运输外，最重要的是运输前必须制订详尽可靠的运输组织方案，并采取一定的工程技术、运输组织以及安全保障措施来确保运输工作开展的可行性与安全性。

对物流来说，大件，顾名思义，就是在质量、体积上较大的物品。在运具选择上，大件物品有严格要求，不是一般的运输车辆可以完成的，需借助特殊的运输工具来完成。

大件运输的大件是相对于一般运输对象而言的，大件运输的对象至少具有超长、超宽、超高、超重的特征之一。需要运用牵引车、全挂平台板车、各类型平板、门架、吊车、人力拖移等运输工具进行接驳、转运，直至目的地。

超限设备（货物）是指装载轮廓尺寸超过国家规定的车辆限界标准；超重设备（货物）是指装载后的车货总质量超过国家规定的质量。

大件运输属于超限运输，但不包括散装货物的超限运输。大件运输若按照国家及地方政策规定提前提出申请，并得到公路管理机构批准后按照要求运输，是合乎法律规定的。执法部门出台政策是为不可分割的大型设备的运输提供执法依据及保障，而散装货物的超限运输是交通管理部门禁止的行为。

一、大件运输分类

（一）公路大件运输

公路大件运输属于超限运输。根据《公路法》《公路安全保护条例》等法律、行政法规，交通运输部制定了《超限运输车辆行驶公路管理规定》（交通运输部令 2016 年第 62 号）。本规定所称超限运输车辆，是指有下列情形之一的货物运输车辆：①车货总高度从地面算起超过 4m；②车货总宽度超过 2.55m；③车货总长度超过 18.1 m；④二轴货车，其车货总质量超过 18000 kg；⑤三轴货车，其车货总质量超过 25000 kg；三轴汽车列车，其车货总质量超过 27000 kg；⑥四轴货车，其车货总质量超过 31000 kg；四轴汽车列车，其车货总质量超过 36000 kg；⑦五轴汽车列车，其车货总质量超过 43000 kg；⑧六轴及六轴以上汽车列车，其车货总质量超过 49000 kg，其中牵引车驱动轴为单轴的，其车货总质量超过 46000 kg。

除公路大件运输形式外，还有铁路大件运输、水路大件运输、航空大件运输以及联合运输四种形式。

值得注意的是，公路大件运输属于超限运输，但是公路超限运输不一定属于公路大件运输。关于大件的定义和分类，将在第五章——大件运输组织中，再次明确。

（二）铁路大件运输

铁路大件运输有运力大、计划性强、连续性好、安全性高、成本低等优点。一次一般能运送 3000~5000t 货物，运力远高于公路大件运输和航空大件运输；运输受外界环境因素的限制较小，可有计划地、定期地运转，运输途中所受干扰较小，可保持运输的连续性；有轨运输，线路确定，运输安全性高于其他运输方式；铁路大件运输成本较低，能耗约为公路运输的二十分之一，尤其是对于运送质量较大、体积较小的货物更具备优势。

同时，铁路大件运输具有运行时间长、灵活性差、限界严格、对沿线干扰大等缺点。如不便于运输运距短的业务，在始发地或到达终点时可能需要公路运输辅助才能到达最终目的地；只能沿特定轨道行驶，灵活性较差；在经过曲线线路及隧道时，限界要求十分严格，不适宜运输超大型体积的货物；对于运输繁忙的干线，大件列车通过将会产生很大干扰，扰乱日常运行计划，因此一般需避开繁忙干线而选择绕行其他路线。

（三）水路大件运输

水路大件运输具有运量大、成本低、限界条件少等优点。在天然水路上航行，维护管理费用相对低，并且航道对运输的限界及限重方面的要求宽松很多，由此也降低了由于大件的质量或尺寸超限引起的排障等费用，所以水路大件运输是适合大吨位、大容量的运输；从经济角度考虑，租船、装卸费用以及运输方式衔接后的费用共同决定了水路大件运输不适合于短途运输，而在长距离运输上更能体现其成本优势。

同时，水路大件运输存在运输速度慢、自然条件影响大、风险较大、灵活性差等缺点。水运航线较长，运输过程中自然条件不好掌控，不确定性因素较多，因此风险较大；从可实施性来看，水路大件运输只能在水系能够到达的地方运输，运输起讫点必须依赖其他运输方式的衔接，我国水系运输网络还不能够覆盖全国，并且有些码头不具备运输大件的客观条件或设备。

（四）航空大件运输

航空大件运输的兴起较晚，发展历程较短，其优势在于速度快、包装要求低等。由于最大起飞装载吨位有限、运力较小、成本过高，因此适用于质量小、体积小、附加值高的民用货物运输。此外，多见于应急抢险、军事运输。

（五）联合运输

联合运输，是根据实际运输需求选择两种或两种以上运输方式，完成整个运输作业的运输组织形式。综合考虑各种运输方式的优势及缺点，以可操作性强、安全性高、成本低为目标，根据实际大件运输项目的运输起讫点位置及其运输要求，在不同的运输线路阶段选择不同的运输方式，最常见的运输方式有公铁联运和海陆联运。

二、公路大件运输特点

（一）高技术、高风险、高成本的基本特点

大件运输对象一般为国家电力、化工、石油、机械、冶金等行业建设项目的重大型装备，对国家的基础建设举足轻重，运输时均需要根据运载对象的特点，单独、有针对性地做好安全保障措施，运输安全性要求普遍很高。正是基于这种专项设备运输的特殊要求，必须针对不同业主的不同运输对象制订个性化的运输方案，所以决定了其高技术的特点。

大件货物通常价格昂贵，制造周期特别长，并且往往是独一无二的，加上货物超限超重并有特殊运输要求，所以大件运输的运输难度和运输风险都很大，运输过程中出现任何失误将造成巨大的、不可恢复的损失，因此大件运输在运输路径选择和装卸加固等方面具有一次性的特点，相对于普通货物运输，需要提供更多的个性化、特殊化的服务保障，以保证所运大件货物绝对安全地到达目的地。

从货物本身价值、租用运输工具费用、装卸费用、办理通行许可费用、排障费用等各方面分析，显然大件货物运输费用远远高于普通货物运输。

（二）单向性、周期长的运输模式

普通货物运输注重范围经济和规模经济的结合，要考虑几点之间的往返运输，提高路径利用率，尽量降低空载率，以达到效益最大化。大件运输极具专业性而小众化，是针对运输对象选用专用的特种车辆专程运输，以安全性为首要考虑因素，通常选择排障最少或最易排障、最安全的运输线路，而不是最短的经济运输线路。此外，由于大件运输通行前，需要办理通行行政许可手续以及实施相应的排障工作，而且运输速度相对较慢，因此与普通货物运输比较，大件运输的周期较长。

（三）运输难度大，对运输组织管理有特殊要求

1. 装载加固要求

公路大件运输的货物应根据货物自身性质选择超重型挂车，并由超重型牵引车牵引，保证货物无偏载，捆绑加固后应保证货物不发生横向及纵向的

滑移。

2. 道路要求

公路大件运输中，途经道路应平坦而坚实，满足车载负荷；路面宽度必须满足车货外形尺寸的通过需要，尤其是途经的弯道、纵坡以及净空障碍，必须提前做好勘查及排障工作；桥涵要有足够的承载能力，否则需提前采取加固等措施；在需要封闭交通以保证大件车组通过的路段，需要交通管理部门的组织配合。

3. 从业人员要求

大件运输各个环节的工作人员均需要经过专业化的培训，任何一步都应保证操作的准确性，探路人员、装卸人员、随车人员等均需要专业化的并具有丰富经验的人员，能熟练操作大件运输设备的同时还具备良好的应急处理能力。另外，大件运输设备的维护技术性对从业人员的素质也提出了较高要求。

三、公路大件运输安全概述

公路大件运输，通常是由超重型汽车列车来完成运输任务，大件货物由超重型汽车挂车承重，由超重型牵引车牵引行驶，靠装载加固材料对货物进行装载加固，具有高技术性、高难度、高风险的特点，要求运输企业在运输前必须做好充足的准备才得以确保公路大件货物运输的安全。

（一）公路大件运输安全

为了保证运输安全，大件运输需要预先进行方案设计和技术计算。对于承载挂车来说，既要考虑用足够多的车轮分散道路荷载，又要限制挂车的宽度和高度以利于通过狭窄路面和高空障碍。车体长度大、宽度窄、高度低，带来的问题是车体强度、刚性、稳定性相对较差，因此，需要对挂车承载后的受力、变形和稳定性进行分析。大件车辆装载后尺寸很大，运输常常要途经急弯、路面起伏等复杂的道路环境，通过能力经常受到限制，因此，需要对弯道、竖曲线等通过条件进行模拟和判断。大件货物质量或百吨或千吨，运输道路或平坦路面或陡坡，运输所需牵引力差别很大，常常需要进行牵引车的配备与计算等。这些计算涉及的学科多、影响因素多，需要在实践的基础上进行总结和研究。

公路大件运输是行业难度最大、风险最高的运输类型，运输往往超出公路、桥梁等各种建筑的正常通行能力以及限界规定，在运输组织流程当中，其有别于普通货物运输的显著特点除了有提前申报通行并按指定的线路和时间运输外，最重要的是运输前必须制订详尽可靠的运输组织方案，并采取一定的工程技术、运输组织以及安全保障措施来确保运输工作开展的可行性与安全性。

公路大件运输的安全问题贯穿于大件运输工作的整体过程中，"安全"运输是不仅是指表层上的将大件货物完好无损地从起运点运输到目的地。大件运输的安全性区别于普通货物之处主要在于货物起运之前所做的一切运输安全计划及保障工作。

1. 安全运输准备工作阶段

安全运输准备工作阶段即运输方案制订阶段，是保证大件运输安全的根本前提，运输工作的实际操作需要依据此方案执行，因此运输方案制订的关键环节不能够出现任何差错。装载和加固方案可以根据具体情况在运输的实际操作中进行验算调整；而在车辆配置和线路选择方面，由于在申请超限运输通行证后确定下来的车辆类型和运输线路不可改变，因此必须在此阶段保证运输计划方案的安全性，对货物和车辆进行实际检查和匹配验算，对运输线路进行实际勘察和通过性评估，并与交通管理部门确定运输线路上的排障地点及排障措施。

因此，在运输方案制订阶段，保障大件运输的安全主要表现在：必须确保配置安全可行的运输设备，以及确保运输线路选择的可行性和安全性（装载方案的安全可靠，还表现在某些方面通行时对沿途道路及其他构筑物的安全影响，以及运行时交通组织的安全可靠上）。

2. 运输阶段

运输阶段要按照运输方案进行实际操作，是从将货物装载开始一直到目的地卸载完成的整个过程。运输阶段每一个步骤的实际操作中都不能出现任何差错或失误。货物装载时，起重吊装要保证货物位置移动时的稳定性，加固后必须保证在运输过程中不会发生侧滑、偏移、倾覆等情况。排障工作必须保证车辆行驶的通过性良好，不会使运输工作因为道路环境不佳的因素而发生长时间延误或危险。运输行驶过程中，驾驶人的操作及状态、车辆行驶状态、货物状态等均需要得到实时的监控，尤其对于一些精密仪器的运输，对振动等有较高的要求，行驶过程中的监管及应急工作十分重要，它可以提前发现不安全因素从而避免危险的发生。

在运输实际操作阶段，保障大件运输的安全主要表现在：必须确保货物安全装卸，加固措施满足运输过程中的货物稳定性；排障工作保证行驶通过性良好；运输过程须对人、车、货、环境进行实时监管。

(二) 保障运输安全技术措施

为保障大件运输安全运输，针对大件运输各环节的主要影响因素、操作方法及其注意事项进行分析。

1. 车辆配置

若要保证大件运输工作的安全进行，首先要保证运输车辆配置的合理性和可靠性，即牵引车及挂车的合理选型及挂车轴数的确定，选定的车辆保证能够满足承载货物的要求，同时能够保证运输中牵引车和挂车的可靠性。

2. 货物装卸

根据货物的外形、质量和结构等特点，结合装运车辆的技术条件选择装载形式。选择专用的装卸设备进行货物装卸，如起重机、液压千斤顶、滑车和卷扬机等。

装车前要保证运输车辆停放位置准确，前后轮封死，不可移动，挂车保持水平，通常为增加货物与挂车之间的摩擦力而在货物托架下垫薄木板。如采用吊装方法，吊装过程应缓慢平稳，吊钩钢丝绳应垂直并通过货物重心，装车时货物重心要与挂车承重重心保持一致，在货物底面与挂车接触瞬间，应停止继续下降，检查轮胎的承重情况，确保无异常状况后再逐渐降落，定时重复此操作，直到货物彻底落下。

3. 捆绑加固

要保障货物捆绑加固可靠性，首先，在方案制定阶段，要根据大件货物的外形及特征参数对货物进行绑扎及加固方案设计，要保证货物与车辆之间捆绑的可靠性，影响因素包括捆绑方式、捆绑强度、加固方式以及捆绑加固材料的强度；其次，在运输过程中，应监测捆扎稳定性，保证重心位置不偏移，这除了取决于货物捆绑加固方案的可靠性及其操作的正确性外，还取决于运输道路条件和运输人员驾驶平稳。

根据货物的外形及其特点选择绑扎方式，主要有绕顶绑扎、环状绑扎和直接绑扎三种方式，制定绑扎方案时应进行绑扎力的安全校核。

根据货物装载绑扎后的状态选择加固装置及加固材料，配合使用的加固装置主要有货物转向架、支架、活动式滑枕、车钩缓冲停止器等。加固材料一般有木质类，如挡木、垫木等，起到拦护作用；钢铁制品类，如铁线和钢丝绳对货物进行拉牵加固，腰箍可用于无拴结点的箱型货物等；其他材质，主要用来防滑，如橡胶垫、草支垫等；此外，还有焊接加固的方式，主要适用于铁底板超限车辆装运的货物。

4. 线路排障

要保证公路运输大件安全，必须确保运输车队能顺利通过运输线路，确保通行载荷在安全限值以内。如果存在通行障碍，必须进行线路排障。

（1）通行载荷要求

通行载荷要求主要指所经道路及桥涵的承载能力要满足大件货物安全通过，一旦发生凹陷或坍塌的情况，极易导致事故发生。在勘察线路时，要重点对泥土或碎石路段、弯道处、地下管网铺设处等进行校核，对于不能满足承载力需求之处，最简单的方法是铺设 8～12 mm 的钢板，以提高承载强度，长距离无法满足通行要求的路段需要重新进行修建。对于承载力不足的桥涵，根据情况采用临时加固或永久加固的方法，桥上桥是比较常用的一种临时桥涵加固方法，使用临时桥跨越承载力不足的桥跨主梁，适用于中小型桥涵。

（2）通行净空限制

通行净空是公路大件运输中，车货顺利通过运输线路的最小物理尺寸。通行净空限制包括通行宽度限制、通行高度限制和通行长度限制。

①通行宽度限制。通行宽度上的主要障碍，是行驶道路两旁的建筑物、构筑物、树木以及收费站等，对于树木、临时建筑物等这类障碍可采用临时移除的方法，待大件设备通过后如必要可做恢复；对于可移动式收费站，可临时移走，否则需要拆除，费用较高。

②通行高度限制。通行高度上的主要障碍是架空的电线、索道、管道、隧洞、立交桥、收费站顶棚、标识标牌等。对于已经无用的障碍可采用拆除的方法。对于柔性的、有活动空间的、净高相差小的空中障碍，如较松弛的电线等，在采取绝缘措施后，可用顶高法将其抬高，待超限车辆通过后再将其放回。对于净高相差较大的无法顶高的电线，可采取落地法，对落在地上的电线应采取保护措施，以免受损。对于隧道、桥梁和高压线等无法采用以上方法处理的障碍，可比较挖地法和滚拖法的可操作性及经济性选择其一。挖地法为了降低路面高度几乎都要破路挖地，待超限车辆通过后再重新修复。滚拖法是将大件货物从车上临时卸下，用地面滚动法穿过障碍处，通过后再将货物重新装车，此方法需要装卸车及拖运工具，并且有一定的风险。

③通行长度限制。通行长度限制，实际上是通行线形要求，主要包括最大纵坡要求、竖曲线要求、扫空宽度要求。因货物超长影响通过性的主要原因是车辆转弯时转弯半径不足，通常发生在转弯和交叉口处，实质上也相当于通行宽度不足，需要将道路路边障碍拆除，超长货物的通过能力取决于车组的最小转弯半径、弯道的最小平曲线半径以及货物的外形尺寸。

5. 运输过程

（1）运行稳定性

方案的一切准备工作是为了货物的实际运输顺利，车辆运行的稳定性受到多方面因素的影响，主要从驾驶人操作能力、货物稳定性、道路及天气条件和挂车稳定性几方面体现，各个方面的影响因素众多，分析如下。

①驾驶人操作能力。驾驶人的驾驶技术直接影响车货系统的稳定性，操

作不慎易引起货物重心偏移甚至倾覆。大件运输应始终保持车辆匀速行驶，避免紧急制动或加速等情况，通过桥梁时，居中匀速行驶，速度不得超过 5 km/h。

②货物稳定性。货物稳定性主要受货物的重心高度及其捆绑加固牢固程度影响，重心高度越低，货物稳定性越好；捆绑加固越牢靠，货物越不易滑移，稳定性更好。道路条件及驾驶人操作这两项外部因素也会影响车辆的行驶稳定性，从而影响货物的稳定性。

③道路及天气条件。道路的平整度、横向坡度、纵向坡度及转弯半径等均是影响大件运输车辆行驶安全的客观因素，直接影响车辆以及货物的稳定性，例如道路的横纵向坡度，会使货物产生横向或纵向的惯性力，坡度过大或驾驶不当会出现货物滑移或倾覆的可能。此外，雨、雪、雾等天气对交通运输本身就产生影响，而大风天气对大件运输车辆的影响比普通运输更为明显，在大风天气条件下，货物稳定性也受到货物的迎风面积以及侧向大风的影响。

④挂车稳定性。大件货物的质量、重心位置、偏心状态及其承载长度均会对挂车的稳定性产生影响，这需要通过货物在车辆上良好的装载方式及其捆绑加固方案来消减不利的影响。

道路不平整对挂车稳定性的不利影响主要由挂车自身液压系统调节，因此液压系统的稳定性十分重要。目前超重型挂车均采用液压系统承重方式，通过液压系统自身调节来平衡受力，确保挂车货台平面的稳定和各轮胎受力均匀，从而减轻道路路面不平整带来的车体摆动。

保证车辆的横向稳定性需考虑挂车的支承稳定性，常将挂车的悬挂油路分别串联成三个回路，能够均匀分配各悬挂载荷并保证承载面的稳定性即为三点支承，当回路三点支承中有若干个支承点不起作用，即发生塌点，出现塌点时车体将会严重倾斜，易发生横向失稳，因此需考虑防塌点措施。纵向坡度的通过能力取决于挂车液压悬挂油缸的行程和主梁加载后的变形，车辆越长，其纵坡及弯道的通过能力就越差。

影响挂车稳定性的因素众多，且相互作用，例如，驾驶人驾驶不平稳可能会导致车辆及货物的稳定性较差,从而影响货物安全,反之,由于货物自身重心或捆绑等原因造成的货物稳定性不好,会影响车辆行驶的稳定性。因此,应重视每一个影响大件运输安全的因素,避免忽略某一个不安全因素而引起继发的其他不安全因素出现,保证运输前的准备工作及其车辆装备安全可靠,重视运输过程中的每一个安全影响因素的监察,保证大件运输能够安全顺利地完成。

(2) 运输控制

加强运输监管是大件运输安全控制的关键保障工作。安全运输主要包括运行安全控制、技术安全措施、应急预案等,完整的监管工作不仅要确定运输工作开始前的各方职能与责任,确保各方工作的良好协调以及准确无误,更重要的是对运输在途过程的实时监控,及时发现运输过程中的不安全因素,避免危险的发生。要盯紧大件运输过程中的关键环节,强化部门监管、运行监管和路桥监管,同时做好运输协调、运输保障,确保衔接有效、监管有力,此部分内容将在第五章进行研究。

第二节 大件运输组织

大件运输组织包括从大件设备运输承接开始,以在途运输组织的技术内容为主,同时也包括前端的招投标过程和后端的运输护送规范。主要包括公路大件运输招投标、大件运输资质及运输组织框架、大件运输线路选择、货物的吊装及装载、捆绑加固、重型车组通过能力计算与判定、车组道路运输稳定分析等内容。

一、公路大件运输招投标

招投标,是招标投标的简称。招标和投标是一种商品交易行为,是交易过程的两个方面。招标投标是一种国际惯例,是商品经济高度发展的产物,是应用技术、经济的方法和市场经济的竞争机制的作用,有组织开展的一种择优成交的交易方式。这种方式是在货物、工程和服务的采购行为中,招标人通过事先公布的采购和要求，吸引众多的投标人按照同等条件进行平等竞争，按照规定程序并组织技术、经济和法律等方面的专家对众多的投标人进行综合评审，从中择优选定项目的中标人的行为过程。其实质是以合理的价格获得最优的货物、工程和服务。

（一）公路大件运输招投标的定义

《中华人民共和国招标投标法》明确规定招标分为公开招标和邀请招标两种方式。公开招标是不限定范围，通过发布招标信息向全社会的企业进行的招标；邀请招标是向特定的某些企业发出邀请进行的招标。按照邀请投标人的地域划分，招标方式可分为国内招标和国际招标。企业进行公路大件运输项目招标，是为了以较低的成本得到其需要的运输服务。为了使运输项目目标得以实现，需要招投标双方充分交换信息、相互信任、共同协作。在运输服务项目进行的过程中，应对服务的每一阶段进行监督，看运输项目每一阶段的目标是否实现，是否满足需求，是否存在有待改进之处。双方应本着共赢的原则，积极理顺沟通渠道，妥善解决出现的问题，这样才能使大件运输项目的目标最终得以实现。

投标是与招标相对应的概念，它是指投标人应招标人特定或不特定的邀请，按照招标文件规定的要求，在规定的时间和地点主动向招标人递交投标文件并以中标为目的的行为。

（二）公路大件运输招投标的基本流程

公路大件运输招投标的基本流程满足《中华人民共和国招标投标法》的基本规定，根据公路大件运输招投标的实际情况，一般情况下公路大件运输的招投标应包括以下流程。

1. 招标

（1）制订招标方案

招标方案是指招标人通过分析和掌握招标项目的技术、经济、管理的特征，以及招标项目的功能、规模、质量、价格、进度、服务等需求目标，依据有关法律法规、技术标准，结合市场竞争状况，针对一次招标组织实施工作的总体策划，招标方案包括合理确定招标组织形式、依法确定项目招标内容范围和选择招标方式等，是科学、规范、有效地组织实施招标采购工作的必要基础和主要依据。

（2）组织资格预审

为了保证潜在投标人能够公平获取公开招标项目的投标竞争机会，并确保投标人满足招标项目的资格条件，避免招标人和投标人的资源浪费，招标人可以对潜在投标人组织资格预审。资格预审是招标人根据招标方案，编制发布资格预审公告，向不特定的潜在投标人发出资格预审文件，潜在投标人据此编制提交资格预审申请文件，招标人或者由其依法组建的资格审查委员会按照资格预审文件确定的资格审查方法、资格审查因素和标准，对申请人资格能力进行评审，确定通过资格预审的申请人。未通过资格预审的申请人，不具有投标资格。

（3）编制发售招标文件

招标人应结合招标项目需求的技术经济特点和招标方案确定市场竞争状况，根据有关法律法规、标准文本编制招标文件。依法必须进行招标的项目的招标文件，应当使用国家发展改革部门会同有关行政监督部门制定的标准文本。招标文件应按照投标邀请书或招标公告规定的时间、地点发售。

（4）踏勘现场

招标人可以根据招标项目的特点和招标文件的规定，集体组织潜在投标人实地踏勘了解项目现场的地形地质、项目周边交通环境等并介绍有关情况。潜在投标人应自行负责据此踏勘作出的分析判断和投标决策。工程设计、监理、施工和工程总承包以及特许经营等项目招标一般需要组织踏勘现场。

2. 投标

（1）投标预备会

投标预备会是招标人为了澄清、解答潜在投标人在阅读招标文件或现场踏勘后提出的疑问，按照招标文件规定时间组织的投标答疑会。所有的澄清、解答均应当以书面方式发给所有获取招标文件的潜在投标人，并属于招标文件的组成部分。招标人同时可以利用投标预备会对招标文件中有关重点、难点的内容主动作出说明。

(2) 编制提交投标文件

①潜在投标人在阅读招标文件过程中产生疑问和异议的，可以按照招标文件规定的时间以书面的方式提出澄清要求，招标人应当及时书面答复澄清。潜在投标人或其他利害人如果对招标文件的内容有异议，应当在投标截止时间 10 天前向招标人提出。

②潜在投标人应依据招标文件要求的格式和内容，编制、签署、装订、密封、标识投标文件，按照规定的时间、地点、方式提交投标文件，并根据招标文件的要求提交投标保证金。

③投标截止时间之前，投标人可以撤回、补充或者修改已提交的投标文件。投标人撤回已提交的投标文件时，应当以书面形式通知招标人。

3. 开标

招标人或其招标代理机构应按招标文件规定的时间、地点组织开标，邀请所有投标人代表参加，并通知监督部门，如实记录开标情况。除招标文件有特别规定或相关法律法规有规定外，投标人不参加开标会议、不影响其投标文件的有效性。投标人少于 3 个的，招标人不得开标。依法必须进行招标的项目，招标人应分析失败原因并采取相应措施，按照有关法律法规要求重新招标。重新招标后投标人仍不足 3 个的，按国家有关规定需要履行审批、核准手续的依法必须进行招标的项目，报项目审批、核准部门审批、核准后可以不再进行招标。

4. 评标

组建评标委员会。招标人一般应当在开标前依法组建评标委员会。依法必须进行招标的项目，评标委员会由招标人代表和不少于成员总数三分之二，且 5 人以上成员数量为单数的技术经济专家组成。依法必须进行招标项目的评标专家从依法组建的评标专家库内相关专业的专家名单中以随机抽取方式确定；技术复杂、专业性强或者国家有特殊要求，采取随机抽取的方式确定的专家难以保证胜任评标工作的招标项目，可以由招标人直接确定。

机电产品国际招标项目确定评标专家的时间应不早于开标前 3 个工作

日，政府采购项目评标专家的抽取时间原则上应当在开标前半天或前一天进行，特殊情况不得超过 2 天。

评标由招标人依法组建的评标委员会负责。评标委员会应当在充分熟悉、掌握招标项目的需求特点，认真阅读研究招标文件及其相关技术资料，依据招标文件规定的评标方法、评标因素和标准、合同条款、技术规范等，对投标文件进行技术经济分析、比较和评审，向招标人提交书面评标报告并推荐中标候选人。

5. 中标

（1）中标候选人公示

依法必须进行招标项目的招标人应当自收到评标报告之日起 3 日内在指定的招标公告发布媒体公示中标候选人，公示期不得少于 3 日。中标候选人不止 1 个的，应将所有中标候选人一并公示。投标人或者其他利害关系人对依法必须进行招标项目的评标结果有异议的，应当在中标候选人公示期间提出。招标人应当自收到异议之日起 3 日内作出答复；作出答复前，应当暂停招标投标活动。

（2）履约能力审查

中标候选人的经营、财务状况发生较大变化或者存在违法行为，招标人认为可能影响其履约能力的，应当在发出中标通知书前由原评标委员会按照招标文件规定的标准和方法审查确认。

（3）确定中标人

招标人按照评标委员会提交的评标报告和推荐的中标候选人以及公示结果，根据法律法规和招标文件规定的定标原则确定中标人。

（4）发出中标通知书

招标人确定中标人后，向中标人发出中标通知书，同时将中标结果通知所有未中标的投标人。

（5）提交招标投标情况书面报告

依法必须招标的项目，招标人在确定中标人的 15 日内应该将项目招标投标情况以书面报告的形式提交招标投标有关行政监督部门。

6. 签订合同

招标人和中标人应当自中标通知书发出之日起 30 日内，按照中标通知书、招标文件和中标人的投标文件签订合同。签订合同时，中标人应按招标文件要求向招标人提交履约保证金，并依法进行合同备案。

（三）公路大件运输招投标的基本内容

公路大件运输招投标的基本内容根据项目的不同略有差异，下面以某大件运输公司的某一典型项目为例说明公路大件运输招投标的基本内容。

1. 招标的基本内容

招标的基本内容是发布招标文件，招标文件主要包括：投标人须知前附表，投标人须知，投标文件的编制和提交，开标、评标、定标，合同，投标文件格式。

2. 投标的基本内容

投标包括投技术标和投商务标，故投标文件包括商务标书和技术标书。商务标书主要包括：投标函，投标分项报价表，商务结构和付款信息，报价承诺书，投标保证金银行保函，法定代表人资格证明书，法定代表人授权委托书，投标人情况简介（投标人公司简介、综合能力及信誉等），资格证明文件（营业执照正副本、税务登记证、组织机构代码证等），银行资信证明，税务状况和审计报告，商务偏离表，项目业绩等。

一般情况下公路大件运输的技术标书应包括如下内容：项目概况（项目的概况、方案编制原则、方案编制依据），组织框架（组织框架图、组织部门的定位及职能），项目进度，运输方案（运输配车、绑扎加固、运输路线、道路勘察报告），动态跟踪与回报，应急预案，质量安全控制等。

（四）公路大件运输招投标的作用和意义

招投标制度是为合理分配招标、投标双方的权利、义务和责任建立的管理制度，加强招投标制度的建设是市场经济的要求。实行招标投标制度的作用和意义主要体现在以下四个方面。

1. 通过招标投标提高经济效益和社会效益

我国社会主义市场经济的基本特点是要充分发挥竞争机制作用，使市场主体在平等条件下公平竞争，优胜劣汰，从而实现资源的优化配置。招标投标是市场竞争的一种重要方式，最大优点就是能够充分体现"公开、公平、公正"的市场竞争原则，通过招标采购，让众多投标人进行公平竞争，以最低或较低的价格获得最优的货物、工程或服务，从而达到提高经济效益和社会效益、提高招标项目的质量、提高国有资金使用效率、推动投融资管理体制和各行业管理体制的改革的目的。

2. 通过招标投标提升企业竞争力

促进企业转变经营机制，提高企业的创新活力，积极引进先进技术和管理理念，提高企业生产、服务的质量和效率，不断提升企业市场信誉和竞争力。

3. 通过招标投标健全市场经济体系

维护和规范市场竞争秩序，保护当事人的合法权益，提高市场交易的公平、满意度和可信度，促进社会和企业的法治、信用建设，促进政府职能的转变，提高行政效率，建立健全现代市场经济体系。

4. 通过招标投标打击贪污腐败现象

有利于保护国家和社会公共利益，保障合理、有效使用国有资金和其他公共资金，防止其浪费和流失，构建从源头预防腐败交易的社会监督制约体系。在世界各国的公共采购制度建设初期，招标投标制度由于其程序的规范性和公开性，往往能对打击贪污腐败起到立竿见影的效果。然而，随着腐败与反腐败博弈的深入，腐败活动会以更加隐蔽的形式存在，给招标投标制度的设计者提出了新的挑战。

二、公路大件运输资质

（一）狭义视角的运输资质

狭义视角下，运输资质是指为参与某项运输活动而取得的业务资质。一般以本企业营业执照所列经营范围为限，通过交通运输主管机构或部门前置或后置审批获取从业许可。

目前，从物流全行业的业务资质情况来看，主要按服务板块分为水运类

(代表资质：国际班轮运输经营资格登记证、国内水路运输许可证)、陆运类（代表资质：道路运输经营许可证）、货代类（代表资质：无船承运业务备案、国际货运代理企业备案）、船代类［（代表资质：国际船舶代理企业备案)、仓储类（代表资质：海关保税仓库注册登记证）］、报关类（代表资质：海关报关单位注册登记证）、快递类（代表资质：快递业务经营许可证）等。

对公路大件运输企业来说，必须取得交通运输部门颁发的道路运输经营许可证，而且必须注明具体的从业范围。比如注明经营范围为：大型物件运输，货物专用运输（集装箱）或者普通货运等。依法依规取得运输资质是大件运输企业经营相应业务的先决条件，尤其是纳入行政许可事项清单的审批项目。大件运输企业不允许经营超出其经营范围的业务，比如国际船舶代理企业的备案前提是其经营项目包括"国际船舶代理业务"。

(二) 广义视角的运输资质

广义视角下，除了那些为满足运输企业正常开展经营活动而持有的各类业务资质以外，还包括为赋能企业服务形象而持有的各类认证、评级等。例如海关企业信用认证（一般企业、高级企业）、企业合同信用等级评估、守合同重信用企业评定等。狭义视角的运输资质通常被视为消除限制、进入门槛的"规定动作"，广义视角的运输资质更多地起到为企业彰显实力、树立品牌的"锦上添花"的作用。

有别于狭义业务资质呈现的必要性、针对性、相关性等特征，广义的运营资质不受政策法规等硬性约束，故这部分资质的颁发及认定机构不限于各级行政主管机关或部门，而会由行业协会、商会、第三方专业评估认证机构等多方的参与。此外，广义的运营资质用途更为宽泛，更多情况下，不只作为满足企业开展某项运输服务的敲门砖，还成为竞争市场（如物流项目招投标）中体现服务综合实力的加分项，因而越来越受到物流企业的青睐。比如，中国水利电力物资流通协会负责就考核和颁发电力大件运输企业资质证书，证书上注明的信息包括但不限于：企业名称、企业法人、资质等级（如，总承包甲级）、业务范围等，在业内得到普遍认可，是进行商务谈判竞争的有力加分项。

三、大件运输组织框架

为了实现"完整无损、万无一失"的大件运输目标，针对具体项目工程，大件运输公司应成立项目部，作为运输项目的专设机构组织和管理运输工程的实施。以"安全第一、预防为主"为项目指导方针，把安全放在整个项目的首位，严格执行交通运输部《超限运输车辆行驶公路管理规定》62号令等的相关规定，严格落实"大件运输公司安全运输管理规定"等内控要求，严格实施"运输组织方案"。

（一）运输调度指挥系统

为保证设备"科学、安全、可靠、准时"地在运输周期内被运送到目的地，根据运输换装、装卸调度工作原则并结合大件设备运输的特点，构建调度指挥系统。以大件设备运输总调度为主，公司各部门负责人按相关工作项目执行调度命令，对设备公路运输的各项工作进行统一的计划、指挥、调度、检查、并向工程领导小组汇报。

大件设备运输从签订合同开始到运输完成的所有工作，以重点工作为结点按科学的运输计划排序，从调度命令发出控制运输任务的全过程，并通过检查和反馈完成调度任务。

运输小组每个成员都有所有人员的联络电话。运输中各项工作的主要负责人员与护送人员间配备同频道的对讲机，保证随时通信。

承运方应保证业主的监督职权，定期、定时向业主报告运输行程、状况，落实业主对大件设备运输中任何时候的知情权以及全过程的监督。

（二）项目部

针对项目运输的复杂性，按照"顶层设计、层级管理、项目负责"成立项目部，实行项目经理负责制。项目部下设多层次的平行版块，各版块由负责人指定骨干人员组成专业技术队伍，做到任务明确、责任清晰、措施有效、执行有力、保障到位，确保项目质量、工期、成本的全面把控。

公司任命项目负责人，下设协调、运输、装卸、路桥整治等分项目部，协调分项目部的项目联络人，负责收集整理项目有关资料、通报情况、与业主沟通等工作。项目部应集思广益，分工负责，熟悉和全面掌握运输过程的相关环节，协调解决项目中遇到的问题，按时按要求向业主汇报项目的进度情况。

(三) 项目组职责分工

1. 项目经理

项目经理是整个项目的总负责人，直接对总公司负责。

①总体监督项目执行，监控项目运作进程并对项目执行过程中的重大事件做决策。

②组织调动公司内部的资源，服务该项目。

③对项目实施方案进行最终审核，保障与监督项目部对安全、控制、质量、实效的目标的实现。

④组织调动运输所需的各项资源服务于本项目。

⑤对操作中所需协调资源进行指示、批准。

⑥对项目进行全方位的管理控制，确保项目按照合同规定顺利执行。

⑦处理与项目相关的紧急事宜。

⑧制定项目操作手册和操作流程。

⑨负责项目进程控制并与业主对接。

⑩负责项目中须临时协调事宜的决策并与业主对接，并总体控制项目部各小组展开工作。

2. HSEQ 经理

HSEQ 经理的职责，就是按照 ISO 系列控制标准展开工作，保障大件运输过程中的健康、安全、环境与质量。

①在项目经理的领导下指定项目安全工作计划，确保货物的安全操作，确保人员健康安全，确保项目执行的时效与质量。

②树立"预防为主"的工作意识，与项目经理、安全、技术、质管负责人、换装、装卸分项目部经理、公路运输分项目部经理保持良好的沟通，及时发现并消除项目进展过程中潜在的不安全因素；指定项目各部门的安全培训计划，参与安全培训，强化项目操作人员在工作中的安全观念和时间

观念。

③及时协调和处理项目执行过程中影响操作安全、人员安全的紧急事宜；改进操作过程中不符合安全质保要求的工作方法、运输设备和工具。

④提醒和监督工作人员严格遵守质保手册，及时修整影响项目安全与质量的行为，警告违反操作纪律的工作人员，撤换不符合 HSEQ 要求的工作人员。

⑤与业主相关部门保持有效的沟通，为项目操作创造和谐的外部环境。

3. 技术专家组

技术专家组是专家辅助决策在大件运输的体现，其主要负责大件运输全过程中的技术措施与安全管控策略的编制、审查和放行。

①负责道路考察、换装方案和运输实施方案的编制及作业全过程、全方位的安全技术措施审查。

②负责处理运输过程中的所有技术问题，使运输的安全质量得到保证。

③对从准备到实施的全过程作业进行安全检查，运输过程中重点观察运输设备的运行状态，发现问题提出改进，并有权停止危险操作。

④负责作业指导书的完善和修订。

⑤负责对业主提出的运输业务要求进行分析，并向项目运输部经理提交合理的运输解决方案。

⑥负责对业主提出的技术疑问进行解释。

⑦负责对分包商提供的业务技术方案进行审核。

⑧负责监督技术部业务信息的收集、登记、整理及归档工作。

⑨监督技术部完成运输技术方案的编制，协助项目经理完成运输技术方案的审核工作。

⑩负责指定车组的拼装工艺和检验规范，配合质量管理部进行检查或试验，负责本岗位以及下属部门的业务和文件保密工作。

4. 协调分项目组

协调分项目组经理全面负责协调办的工作，负责大件运输前期的道路勘察、桥梁检测、验算、加固等相关部门的协调工作，组织召开协调会议及运输时相关证件的办理等工作，负责与业主及各分项目部的联系协调工作和工程完工后的设备交接信息反馈意见，负责车站的衔接，负责收集气象资料，负责协调大件设备运输过程中交警路政进行的交通管制等工作。

5. 路桥整治分项目组

设计院、路桥公司、项目部主要人员担任分项目组负责人。负责联系勘察设计单位前期考察验算工作，道路桥梁的改造及加固的方案的设计工作，施工队的联络组织工作，以及施工过程中的监理工作。具体协调处理好勘察检测、设计、加固、施工、监理各环节的工作，确保工程质量。

6. 装卸分项目组

主要负责大件货物吊装过程的现场组织和具体实施工作。负责运输工程项目的技术组织及工艺设计，协助安排各方的准备工作。督促运输人员、操作人员对运输起重工具、钢丝绳、卷扬机、千斤顶进行检查准备工作。装卸分项目组应进行必要的前期勘察，如设备的名称、重量及重心、外廓尺寸、包装情况、装卸地点、运输距离、运输线路。

装卸分项目部在换装时，应与项目协调分项目组衔接，提前腾挪出换装场地，并进行道路警戒，必要时与交警、路政沟通，进行临时交通管制。

7. 公路运输分项目组

公路运输分项目组是项目成功的关键所在，具体负责安排公路运输的车辆、人员调动、后勤保障和组织协调工作，全面掌握运输动态。所有参运人员应统一着装，下属各小组负责人应配备对讲机，方便联络，同时做好组织动员工作和安全教育工作，明确职责。安全技术负责人由整个项目的安全技术负责人兼任。

运行组由主车驾驶员和操作人员组成。主车驾驶员由具有丰富大件运输经验的高级驾驶员担任。主车驾驶员负责对主牵引车进行操作；对运输道路情况进行详细了解，现场勘察路面、转弯半径等是否符合大件运输的要求；行驶中应遵守相关规定，服从现场指挥。操作人员由大件操作经验丰富的专业技术工人承担。负责具体的机具、设备和材料的准备工作，检查机具设备的安全可靠性；当换装、装卸和车辆机具出现紧急状况时，及时投入修理和处理；作业时严格按大型设备运输操作规程进行作业，并随时仔细观察机具设备及所作业的对象设备的运行状态，做到及时调整，从操作过程保证运输质量。

装卸加固组由责任心强、技术娴熟、经验丰富的运输装卸人员组成，负责具体卸货装车的组织和指挥工作，明确责任，确保安全，负责按施工进度、质量以及施工安全，确保工程安全圆满地完成。

后勤保障组的首要职责是提前进行道路踏勘，无论空障、路障问题是否圆满解决，在运输前必须对通行道路全程进行实地踏勘，看其有无妨碍大件通过的临时障碍，如有障碍必须提前清理。其次是提前安排途中的停车位置，提前联系用餐地点，保证在车队到达10min内就餐。最后是安排途中的住宿，保证参运人员得到充分休息。

四、主要技术措施

大件运输组织中，必须制定安全、环保保障技术措施，质量保障技术措施和吊装保障措施，这是公路大件运输组织全过程能够顺利实施的保证。

（一）安全、环保保障技术措施的基本内容

（1）坚持"安全第一、预防为主"的方针，把安全放在一切工作的首位，确保设备运输"完整无损、万无一失""按时交货"。

（2）严格按"安全保障系统"中各程序进行准备、施工，各施工作业重要步骤和项目执行施工作业签发制度，由总调度签发施工作业票，作业票必须明确施工负责人、指挥人员、技术人员、安全监护人、施工人员、无作业票不得施工。

（3）运输中，明确专人指挥、口令手势统一，安全监护到位，做到"令必行、禁必止"。

（4）运输参与者，必须佩戴"工作人员"标志、戴好安全帽、穿上防护服装，方能进入施工现场，保证现场的秩序。

（5）安全监督、安全监护、甲方监理必须贯穿工程始终，脱离安全监督、监护不得施工，安全监督具有一票否决权。

（6）实施该工程时，各项准备工作必须充分，包括方案、措施、设备、备件及人员，每项单项工作必须有相应的技术措施、安全措施、应急方案及措施，将三个措施传达每位运输参与者。

（7）向全体运输参与者交代交通管制方案及措施，准备临时停车标志和隔离用具。

（8）在运输中，技术人员、司驾人员、监护人员必须坚持"行车前，车辆加固、牵引检查；行驶中，车辆检查；停车后，车辆检查"，使车辆保持良好的技术状况，装载加固牢固可靠。

（9）施工中，全体运输参与者必须遵守有关"安规"和"条例"，严格按照"大件运输操作规程"施工，不得违章作业，禁止习惯性违章。

（10）施工作业时，严格按方案和措施执行，如需更改必须经总调度、技术负责人、安全监督同意后才能进行更改。

（11）装载加固时，加固点需经甲方监理同意后才能施工，注意保护设备外观，运输时随时检查。

（12）排除空障，须在车辆到达前完成。支撑架空线路，须事前进行观察验电，检查支撑器材是否牢固和绝缘，提前排除临时路障。

（13）运输时，注意全过程的防火、防盗、防意外事故，专人进行设备保卫工作，保证设备的完好无损，准备适量的消防器材。

（14）提出应急措施，制订应急预案，如出现突发情况，应及时妥善处理。

（15）原则上下雨、雾天、夜间不准进行运输换装、装卸作业。

（16）严禁酒后和疲劳作业，参工人员必须佩戴安全帽，服装统一，文明施工。

（17）随车携带废油桶、垃圾桶，专人负责收集废油、生活垃圾，投放到指定地点。

（18）全程注意防尘、降尘，遇灰尘土较多路段，减速慢行。

（19）在通过场镇、学校、医院等人群聚集地时，严禁鸣笛，防止噪声污染。

（20）由专人填写《每日安全运输检查表》《每日巡查表》《质量跟踪

表》。

（二）质量保障技术措施

1. 交通管制

道路较窄，加上设备超宽、超重、超高，为尽量减少对通行人员及环境的损害，提高通行效率，部分路段需要提前实施交通管制。必要时，封闭交通，保证大件运输车辆顺利、安全地通行。

2. 桥梁通行

（1）通行检查

车辆启动前，对牵引车、平板车组、货物捆扎加固情况进行全面检查，做好记录。确保无误后，由总指挥下达启运命令。在经过桥梁前，检查车组、车组液压系统的状态，保证车辆处于正常运行状态。

（2）桥面清扫

清空桥梁上的其他任何车辆，保证过桥时，除大件车组外，无其他车辆。

（3）居中行驶

车组通过桥梁时，重型车组应沿桥的中心线行驶。

（4）匀速前进

车组在通过桥梁时匀速行驶，不中途加速，不制动，不中途换挡。

（5）低速通行

车组匀速通过桥梁，平均速度不超过 5 km/h。

（6）单车放行

第一辆大件运输车完全通过桥梁后，第二辆大件运输车才能通行，保证桥上单车通行。

3. 夜间停运

为确保运行安全，运输计划采用全程白天行驶，原则上不夜间行车。因为设备超长、超宽、超高，夜间行驶视线不好，驾驶员难以准确判断道路状况，行车困难。

4. 限速行驶

为保证设备运输安全，大件运输车队必须限速行驶。大件运输车辆限速规定如下：

最高行驶速度：<30 km/h。道路不平路段：<10 km/h。

通过弯道：<5 km/h。通过桥梁：<5 km/h。

5. 运行检查

运行中的车辆检查主要包括横坡检查、纵坡检查、弯道检查、坡道检查、常规检查等。

①横坡检查。通过有横坡的路段时，操作挂车进行横坡校正，以确保运行时挂车承载面处于水平状态。

②纵坡检查。通过较大纵坡时，操作挂车进行纵坡校正，随时调整挂车前后的运行幅度，以保证挂车承载面始终处于水平状态。

③弯道检查。车组通常采用牵引车自动控制转向，但通过较急弯道时，必须将挂车转向连接装置脱开，改用手控挂车控制转向。

④坡道检查。当上下坡度大于3%时，须变更挂车三点支承，上坡时一点在前，两点在后。下坡时两点在前，一点在后，其三点支承油压表两两之间的读数差不超过20%，以保证挂车行驶的稳定性。

⑤常规检查。为确保运行中车辆处于完好的技术状态，消除安全隐患，每日运行途中，要停车两次对重型车组进行必要的检查。

（三）吊装保障措施

吊装作业受到设备状况、天气条件、人员素质等因素影响，操作过程中极易发生事故，应引起高度重视。

货物装载前，做好配载图表，对重大件的装载做出定位图，划好定位线。对车辆的紧固设施、备件、油布清洁进行检查，并书面报告上级。设备运达前，人先到现场，对重要设备进行审查，做好交接记录，如遇残损物，划清责任范围（包括拍照录像取证），并做出书面报告报上级（包括补救措施）。

会同安全、技术、调度人员，对所选定的卸货点、通信联络方式、负责人名单、起重设备的吊装能力进行调查，并做出评价报业主方及上级领导。

选择好货物的起吊点，防止在装卸过程中对外观造成损坏，并提前做好放置货物处的垫料准备工作。

在作业过程中，必须保证货物的稳定性，防止在装卸作业过程中"碰、撞"。严禁野蛮装卸作业。

如遇恶劣天气，应立即停止吊装作业计划。天气状况好转后再进行货物的中转吊装作业，并同时做好对货物的遮盖及再次加固捆扎工作。

第三节 大件运输安全管理

安全性、经济性和便捷性是大件运输最重要的三个方面，"安全性第一、经济性第二、便捷性第三"是大件运输的基本原则。因此，如何使得大件设备能够安全、经济、准时到达目的地就是大件运输的关键。大件运输安全管理的重要前提是有效实施风险管控，通过识别风险、控制风险和规避风险，有效降低安全风险发生概率，确保公路大件运输可控在控，确保人员、设备、车辆安全，是大件运输安全管理的重要内容。

一、安全管理的相关概念

（一）安全

安全是指客观事物的危险程度能够为人们普遍接受的状态。安全相对危险而产生，相对危险而发展。大件运输安全的内涵应该包括三个内容。一是大件运输活动必须确保运输从业人员的身体安全，保障大件运输参与者的心理安全与健康；二是大件运输安全的范围是涉及大件运输活动的全部领域，主要是环境安全、道路安全、运输工具及专用设备、运输对象等的安全；三是随着社会文明、科技进步、经济发展的程度不同，安全需求的水平和质量就具有不同时代的内容和标准，即大件运输安全的内涵和标准是与时俱进的。

（二）危险与风险

人类进行改造自然的活动，都存在不同程度的危险。"危险"一词来源于"风险"。为衡量危险程度的高低,引入了"风险"这一概念。风险是指在未来时间内,为获得某种利益可能付出的代价。风险大,表明危险程度高;风险小,表明危险程度低。风险的度量采用风险度 R 表示。风险度 R 是单位时间内系统可能承受的损失。就大件运输活动而言,损失有直接损失和间接损失之分,包括车货损失、人员伤亡损失、工作时间损失、环境损失、企业声誉损失等。R=PS,即 P(次/时间)×S(损失/次)=R(损失/时间)。

大件运输危险的内涵,包括但不限于以下三个方面:一是指大件运输安全事故发生的可能性或者不确定性,如对大件运输的车货系统进行分析后,可以得出危险源包括液压平板车、大件货物和装载加固材料,而车体变形受损、液压系统受损、轴载超重、颠覆、滑移、倾覆以及材料受损等危险事故发生的可能性或者不确定性,就是大件运输活动过程中的危险;二是指大件运输安全事故本身,这时的危险意味着安全事故已经发生,如人员伤亡、桥梁坍塌、车辆侧翻、货物倾覆等;三是指大件运输安全事故发生的条件或者多种诱因叠加形成的蝴蝶效应,如司机疲劳驾驶、气象条件差、路勘失真、监管缺失等单一或多种诱因,均可视为大件运输的危险。

(三)安全指标

安全指标可以是单位时间死亡概率、1 亿小时死亡人数(FAFR)、每接触小时损失工作日数或者以一定产量为单位的死亡人数。

大件运输企业安全指标,是大件运输企业在追求效益与承担损失之间的一种利益平衡或相互妥协的结果,是指企业能够接受或者设定的风险度,是一个统计值,也是一个动态调节值。国家层面,国家安全监管总局和其他负有安全生产监督管理职责的部门根据各自的职责分工,制定相关行业、领域重大事故隐患的判定标准,个人风险可接受标准、社会风险可接受标准,在一定时期内这个标准值是企业必须遵循的强制标准,是高限。

国家市场监督管理总局、中国国家标准化管理委员会于 2018 年 11 月 9 日颁布,并于 2019 年 3 月 1 日实施的《危险化学品生产装置和储存设施风险基准》(GB 36894-2018),对社会风险可接受标准采用 ALARP(As Low

As Reasonably Practical，最低合理可行）原则，通过两条风险分界线将社会风险图划分为3个区域，即：不可接受区、尽可能降低区和可接受区。

（1）若社会风险曲线落在不可接受区，则应立即采取安全改进措施降低社会风险。

（2）若社会风险曲线落在尽可能降低区，社会风险处于可接受程度的边缘水平，需要在可实现的范围内，尽可能采取安全改进措施降低社会风险。

（3）若社会风险曲线落在可接受区，则无需采取安全改进措施。

（四）安全管理

安全管理，国际上统一的称谓是"职业安全卫生"管理，有广义安全管理和狭义安全管理之分。广义安全管理，泛指一切保护劳动者安全健康的管理活动；狭义安全管理，指针对生产过程和生产环境中具体的危险源而开展的安全管理活动。

安全管理不能简单理解为各级安全管理部门的行政管理。安全管理应当包括安全法制管理、行政管理、监督检查、工艺技术管理、设备管理、生产环境和生产条件的管理等。

安全管理是企业管理的重要组成部分。安全管理是管理者对安全生产进行计划、组织、指挥、协调和控制的一系列活动，以保护职工的安全与健康，保证企业生产的顺利发展，促进企业提高生产效率。其目的是实现安全目标，即预防事故、避免人身伤害、减少财产损失。

（五）安全生产

《中华人民共和国安全生产法》确立了安全生产工作应当以人为本，坚持安全发展，坚持安全第一、预防为主、综合治理的方针，强化和落实生产经营单位的主体责任，建立生产经营单位负责、职工参与、政府监管、行业自律和社会监督的机制。

《辞海》中将"安全生产"解释为：为预防生产过程中发生人身、设备事故，形成良好劳动环境和工作秩序而采取的一系列措施和活动。《中国大百科全书》中将"安全生产"解释为：旨在保护劳动者在生产过程中安全的一项方针，也是企业管理必须遵循的一项原则，要求最大限度地减少劳动者的工伤和职业病，保障劳动者在生产过程中的生命安全和身体健康。根据现代系统安全工程的观点，两种解释只表述了一个方面，都不够全面。前者解释为企业生产的一系列措施和活动，后者则将安全生产解释为企业生产的一项方针、原则和要求。

概括地说，安全生产是指采取一系列措施使生产过程在符合规定的物质条件和工作秩序下进行，有效消除或控制危险和有害因素，无人身伤亡和财产损失等生产事故发生，从而保障人员安全与健康、设备和设施免受损坏、环境免遭破坏，使生产经营活动得以顺利进行的一种状态。

"安全生产"这个概念，一般意义上讲，是指在社会生产活动中，通过人、机、物料、环境、方法的和谐运作，使生产过程中潜在的各种事故风险和伤害因素始终处于有效控制状态，切实保护劳动者的生命安全和身体健康。也就是说，为了使劳动过程在符合安全要求的物质条件和工作秩序下进行的，防止人身伤亡、财产损失等生产事故，消除或控制危险有害因素，保障劳动者的安全健康和设备设施免受损坏、环境的免受破坏的一切行为。

（六）安全评价

安全评价，国外也称为风险评价或危险评价，它是综合运用安全系统工程方法对系统的安全性进行预测和度量，用以比较风险大小的一种方法。它是以实现工程、系统安全为目的，应用安全系统工程原理和方法，对工程、系统中存在的危险、有害因素进行辨识与分析，判断工程、系统发生事故和职业危害的可能性及其严重程度，从而为制定防范措施和管理决策提供科学依据。安全评价应当贯穿于工程、系统的设计和建设、运行和退役的全生命周期，对大件运输而言，一般对具体的运输项目必须进行安全评价，它贯穿项目招投标、合同签订、运输方案制定、在途运输、组织管理、人员配备、应急方案等各个阶段，既可做单一安全评价，也可以进行项目综合安全性评价。

二、大件运输安全管理的对象与内容

大件运输企业生产系统是一个人机环境系统，安全管理必须对这一系统及其要素进行全方位、全过程的管理和控制。因此，大件运输安全管理的对象是大件运输系统这个人、车、环境系统中的各个要素，包括人的系统、物质系统、能量系统、信息系统以及这些系统的协调组合。

（一）人的系统

人员管理是安全管理的核心，是一种反馈管理。人员管理既包括居于高层的决策、指令、设计人员等，也要包括具体的操作人。高层管理人员地位特殊，影响面广，作用全局，而操作人员只涉及局部，影响面小，故在安全管理中，前者是重点监管对象。

（二）物质系统

物质系统包括大件运输作业环境中的机械设备、设施、工具、器件、构筑物、原材料、产品等一切物质实体和能量信息的载体。物质系统是生产的对象，也是发生事故的物质基础。

（三）能量系统

不同形式的能量具有不同的性质，通常能量必须通过运载体才能发生作用。实质上一切危害产生的根本动力在于能量，而不在于运载体。没有能量时，既不能作有用功，也不能作有害功。能量越大时，一旦能量失控所造成的后果也越严重。

在大件运输安全管理中，需要厘清大件运输系统中能量发生源头、能量产生的机制、能量传播的途径、能量破坏机制等，对能量系统设计安全可靠间距，或对相互干涉的能量系统进行物理隔绝等都是有效的管控措施。

（四）信息系统

信息系统是有效沟通大件运输各阶段、各要素、各子系统空间的媒介。从安全管理的观点看，信息也是一种特殊形态的能量，它具有引发、触动和诱导作用，可以开发、驱动另一空间超过自身无数倍的能量。从其可能造成危害的规模来看，恰恰是最可怕、最难估量的。通过制定标准规范、整合信息平台、完善系统架构、融合业务系统，保障信息系统各层级、各要素之间信息的纵向与横向的互联互通，对保障大件运输安全管理的时效性、可靠性、安全性，有效提升大件运输安全管理的效率和质量至关重要。

大件运输安全管理中必须充分重视信息系统的作用，加快大件运输企业基本状态数据库建设，加强对信息获取、传输、存储、分析、反馈的控制，实现安全信息化管理的科学化、动态化、民主化。道路交通系统是一个由人、车、路、环境等要素构成的动态系统，系统各要素在时间和空间上同时保持均衡有序、相互协调的运行状态就是道路交通的安全运行状态。因此，大件运输安全管理信息范畴应该包括能够体现道路交通四要素的全部特征的静态和动态海量信息的集合。

三、大件运输安全管理的基本原则

（一）坚持安全生产的方针

安全生产的方针是"安全第一、预防为主、综合治理"。安全第一，说明的是安全与生产、效益及其他活动的关系，强调在从事生产经营活动中要突出抓好安全，始终不忘把安全工作与其他经济活动同时安排、同时部署，当安全工作与其他活动发生冲突与矛盾时，其他活动要服从安全，绝不能以牺牲人的生命、健康、财产损失为代价换取发展和效益。预防为主是对安全第一的深化，从事后控制到事前预防转变，也就是我们经常讲的关口前移，重心下移。含义是立足基层，建立起预教、预测、预报、预警等预防体系，以隐患排查治理和建设本质安全为目标，实现事故的预先防范体制。综合治理，从遵循和适应安全生产的规律出发，综合运用法律、经济、行政等手段，人管、法管、技防等多管齐下，并充分发挥社会、职工、舆论的监督作用，从责任、制度、培训等多方面着力，形成标本兼治、齐抓共管的格局。

（二）坚持分级负责、项目抓总、现场管理的原则

大件运输企业必须建立一套有效的管控体系，形成集团、公司、项目、班组（队）、车组（工序）的分级分层的管理格局，以项目为牵引，在决策层、经营层、管理层、操作层（执行层）各司其职，确立以项目经理（现场经理或助理）为核心的现场管控体系，层层制定一岗双责和工作流程，明确

谁、什么时间、什么地点、干什么、干到什么程度、怎样考核，强化执行力，层层筑牢安全生产"防火墙"，实现 PDCA 循环［Plan（计划）、Do（执行）、Check（检查）和 Adjust（纠正）］，确保企业的安全生产主体责任能够在作业现场落地生根，管控到位有效。

（三）坚持"四全"的动态管理

安全运输是一项综合性、群众性工作，其涉及货物查勘、运输工具的选择、线路勘察、货物吊装、捆绑加固、在途运输组织、货物验收等生产过程，涉及全部的生产时间，涉及一切变化着的生产要素，因此必须坚持群众路线，贯彻专业管理和群众管理、集体决策与民主监督相结合的原则，做到安全运输大家管理，全员重视、人人自觉、互相监督、制止违规操作，消除隐患。大件运输作业，必须坚持"全员、全过程、全方位、全天候"的动态安全管理。

（四）坚持"五要素"的有机统一管理

全面质量管理（TQM，Total Quality Management）涉及的五大因素与安全管理本质上是一致的，即 Manpower（人力）、Machine（机器）、Material（材料）、Measurement（环境）、Method（方法）中，人居于中心的地位，这与 HSE 管理体系中的五大要素是相互关联，相互包容的。

HSE 管理体系指的是健康（Health）、安全（Safety）和环境（Environment）三位一体的管理体系，它是由诸多要素组成的一个有机整体，这些要素通过系统的方法和 PDCA 模式组合在一起，其形成和发展是石油天然气勘探开发工作多年经验积累的成果。领导和承诺是 HSE 管理体系的核心，其工作要求是"全员参加、控制风险、持续改进、确保绩效"。

根据 HSE 体系的特点和实施过程，主要包括五个方面的要素。一是"承诺与方针目标"要素。二是"计划"过程中的要素，主要包括"危害识别与风险评价""法律法规和其他要求""目标""管理方案"要素。三是"实施"过程中的要素，主要包括"机构和职责""培训、意识和能力""协商和沟通""文件化""文件和资料控制""运行控制""设计和建设""承包商和供应商管理""变更管理""应急管理"要素。四是"检查"过程中的要素，主要包括"检查和监督""绩效测量和监视""事故、事件、不符合、纠正和预防措施""记录和记录管理"要素。五是"改进"过程中的要素，主要包括"审核"、"管理评审和持续改进"要素。

第三章　公路运输生产与组织形式

第一节　公路运输生产计划工作组织

运输生产计划是在运输市场调查、分析与预测的基础上，结合运输企业的内外经营环境，对运输企业在计划期内应完成的运输工作量、运力配置与运用、行车作业等运输生产主要技术经济指标及实现途径的部署和安排。运输生产计划是企业经营活动的主要内容，是组织运输生产和调度的重要依据。

一、运输需求的概述

（一）运输需求的概念

运输需求是指在一定的时期内和一定的价格水平下，社会经济生活对旅客（乘客）与货物空间位移方面所提出的具有支付能力的需要。运输需求必须具备两个条件，即具有实现位移的愿望和具备支付能力，缺少任一条件，都不能构成现实的运输需求。

"需求"与"需要"是两个不同的概念，简单地说，需求是有支付能力的需要。运输需要是指旅客（乘客）与货主对运输供给者提出的为实现空间位移的要求，而运输需求，则是指这种要求当中的有支付能力、可以实现的部分。因此，运输需要的概念较运输需求要大。

每个具体的运输需求一般包括以下6项要素。

（1）运输需求量（流量）。通常用客运量和货运量表示，用来说明客运需求和货运需求的数量与规模。

（2）流向。指旅客（乘客）或货物发生空间位移的空间走向，表明客货流的产生地和消费地。

（3）流距（运输距离）。指旅客（乘客）或货物所发生的空间位移的起始地至到达地之间的距离。

（4）运价。指运输每位旅客（乘客）或单位质量（体积）的货物所需要的运输费用。

（5）流时和流速（运送时间和送达速度）。前者是指旅客（乘客）或货物发生空间位移时从起始地至到达地之间的时间；后者指旅客（乘客）或货物发生空间位移时从起始地至到达地之间单位时间内的位移。

（6）运输需求结构。是按不同货物种类、不同旅客（乘客）类型或不同运输距离等对运输需求的分类。

（二）运输需求与运输量的关系

运输需求是社会经济生活在人与货物空间位移方面所提出的有支付能力的需要；而运输量则是指在一定运输供给条件下所能实现的人与货物空间位移量。这两个概念，既相互区别，又相互联系。在假定需求与供给均衡，或者在供给大于需求的情况下，运输需求量才是现实的运量。但如果供给不足，实际运量肯定要小于经济发展所产生的运输需求量。这里的实际运量小于需求量的那一部分，并不是由于人们的支付能力不足造成的，而是由于供给不足造成的。运输需求的真正实现，即运输量的形成是受运输供给制约的。

运输量预测是根据运输及其相关变量过去发展变化的客观过程和规律性，参照当前已经出现和正在出现的各种可能性，运用现代管理、数学和统计的方法，对运输及其相关变量未来可能出现的趋势和可能达到的水平的一种科学推测。

过去有许多预测工作没有分清运输需求与运输量的区别，在大部分预测过程中主要采用了以过去的历史运输量数据预测未来运输需求的方法，以"运输量预测"简单代替运输需求预测，这种概念上的误差当然会影响到预测的准确程度。显然，在运输能力满足需求的情况下，运输量预测尚可以代表对运输需求量的预测；而在运输能力严重不足的情况下，不考虑运输能力限制的运输量预测结果，就难以反映经济发展对运输的真正需求。

因此，在实际工作中，要注意运输需求预测和运输量预测这两者之间的区别，在实际经济分析中要注意预测所依据的资料、条件和方法，严格把握它们的经济含义。

二、运输量调查与预测

（一）运输调查

运输调查是借助于适当的调查方法和调查形式，对一定范围、时期内运输需求和动力供给进行系统而有计划、有目的的搜集、整理和分析。调查所取得的资料是运输经营与管理部门进行货物运输工作量预测、客流预测的主要依据，也是运输企业做出经营决策和编制经营计划的重要参考依据。

1. 运输调查的目的及内容

（1）运输调查的目的

运输调查的目的主要如下：

①对营运服务区域内的货（客）流分布、构成和规律做到心中有数，便于合理地调整运力的布局，使运力和运量在一定时期内保持基本平衡。

②了解并掌握营运服务区域内计划期的货（客）流流量、流向、流时和变化趋势，为制订公路货物运输计划提供依据。

③了解货主对运输的需要情况。

④为公路、铁路分流，以及为开办各种形式的联运和联营提供依据。

⑤查清营运服务区域内各种运输方式的规模及其分布。

（2）货运调查的内容

货主需求情况的调查。主要包括：①现有货主的地区分布和数量；②货主的类别、规模、基本经济情况；③货主的托运习惯、托运的动机和心理；④货主对公路货运企业服务的满意和信赖程度；⑤货主的潜在要求。

货运供给情况的调查。主要包括：①营运服务区域内运输市场的供应情况及发展趋势；②公路货运企业自身情况的调查，包括公路货运企业在运输、价格、广告、服务等方面的情况以及企业的市场占有率和经营策略的适应性等；③竞争对象的调查，主要包括：竞争企业的数量、规模、运输成本、价格、经营策略、市场占有率等。

（3）客运调查的内容

①客运需求情况的调查。主要包括：对居民居住与工作（学习）地点分布、出现目的、出行工具、出行时间等的综合调查。调查项目包括被调查者性别、年龄、家庭成员情况、文化程度、职业、一昼夜间的出行情况（如出行目的、出行的出发地与目的地、出行时间、换乘次数、换乘地点、出行工具等）。

②客运服务调查。用以了解客运服务现状满足客运需求程度的调查，包括客运供给调查和客运服务质量调查。

客运供给调查用以获取下述资料：某线路各停车站间对应的客运量、各路段（断面）客流量、各停车站点乘客集散量、路段或路线的车辆满载率情况、客流沿不同乘行方向的分布等。为方便调查，通常在各停车站驻站观察调查。其中，路段或路线的车辆满载率可以划分为几档（如半满座、满座、有站位、满载、不能再上乘客等），由调查人员目测后，在调查表相应满载率栏目处做好记录。

2. 运输调查的步骤

运输调查是一项较为复杂的工作，为使此项工作达到预期的目的，必须有计划、有组织、有步骤地进行。调查可分为准备、实施、结果处理三个阶段，共八个步骤，如表3－1所示。

表3－1　　　　　　　　公路货运量调查的步骤

阶段	序号	步骤	内容
准备	①	确定调查的目的	明确调查所要解决的主要内容以及调查的要求
	②	拟定调查计划	确定参加调查人员、对象、预算、进度、范围等

续表

阶段	序号	步骤	内容
实施	③	设计调查表格	根据调查的要求，设定指标并制成表格，用作记录与分析
实施	④	拟订调查方法	根据调查的要求，以及时间、费用选定合适的方式与方法
实施	⑤	实施调查	进行分步骤、分阶段的调查
处理	6	整理调查资料	将调查所得的资料进行分类、汇总、使之系统化、条理化
处理	7	提出调查报告	阐述调查目的、采用的方式与方法、调查结果、参考性意见
处理	8	追踪检查	检查调查的结论与建设是否被采纳及效果如何

表3-1中所列各步骤均存在信息反馈的过程。当我们在实施调查中遇到一些不曾考虑而又必须予以考虑的问题时，可考虑及时修改或重新制订调查实施计划，设计新的调查表格进行补充调查。

3. 运输调查的方式与方法

(1) 运输调查的方式

①全面调查是公路货运经营单位或管理部门为了认识和掌握运输规律，取得比较全面、细致、准确的资料更好地编制运输计划，以公路货运市场总体为调查对象、组织专门机构和人员进行的内容广泛的调查。全面调查取得的资料全面、细致、准确，但耗费人力、财力等较多。因此，一般都是在年度开始前两个月进行一年一次的调查。为开辟新的营运线路，则应及时对该路线的沿线区域进行全面调查。

②抽样调查是一种非全面的调查，它利用概率统计的随机原理从被研究的总体中抽出一部分样本进行调查，从而推断整个货运市场的特征。抽样调查是从样本推断总体，因而存在一定误差是难免的。问题的关键是要综合考虑各方面因素，确定一个合适的抽样率。

③典型调查是为了探索普遍规律，研究并提出对同类问题的解决措施、方法，而选取一些具有代表性的地区、线路或物资单位作为典型调查的对象，对之进行周密地了解和分析，从中寻求同类事物的共同规律。

典型调查可弥补全面调查的不足，其关键是选择的对象要有代表性。典型单位的选择通常要考虑的问题：首先，被选单位要能反映一类问题，或者能体现共同的要求；其次，被调查的单位对整个公路货运企业有较大的影响。一些先进的单位或者落后的单位和试点单位皆可能被选为调查的对象。通过对典型单位的调查，可以总结其经验与教训，以便在产业中推广。

④专题调查是公路货运企业为了研究公路货运生产中某一关键问题，或某一重点货种，专门进行的一种深入而系统的调查。专题调查的针对性很强，它要求选择一些重点、关键问题进行调查，如公路货运企业运输质量问题的调查等，特定的时间（如节假日）客流的调查。

⑤经常调查是公路货运经营单位为随时掌握营运服务区域内货量、流向、流量变化情况并积累有关资料而经常进行的一种调查。也称统计调查法，以客运为例，利用售票、检票等原始记录，通过表格整理，得到调查资料，以便于了解某路线、班次对客运要求的适应程度和客运效果。

（2）运输调查的方法

运输调查的方法很多，常见的有以下几种：

①询问法是将要调查的事项以当面、书面、电话、问卷等形式，向被调查者提出询问和笔录，以获得所需资料的一种调查方法。此法简单易行，调查者可灵活掌握，并可以随时问一些调查者感兴趣的问题。

②观察法是调查者亲赴货运现场或通过电子设备，对调查对象的行为、反应及感受进行侧面观察和记录的一种方法。如公路客运的驻站（点）观察法，是通过对主要站点进行定期或不定期的观察，了解该站（点）上下车旅客交替人数和留站（点）人数，掌握该站（点）全日各时间段客流量的变化程度和高、低峰时间，判明车次安排是否合理，站点设置是否适当，为调整班次和行车时间及站点设置提供资料。

③实验法是在一定实验条件下进行小规模模拟实验，然后，对实验结果

进行分析的调查方法,如公路货运企业开辟新的运输形式就可以在小范围进行实验,然后再进行推广。

(二)运输量预测

1. 运输量预测的含义

运输量预测,是在旅客、货物运输调查和对调查资料进行全面、系统研究的基础上,结合国民经济和社会发展对运输的需求,预测未来期间旅客、货物运输量的发展趋势及其概率特征。

按预测时间长短,运输量预测可分为短期预测、中期预测和长期预测。短期预测即年度预测,是制订年度、季度运输生产计划的基础;而中期预测(1~5年,一般以3年为多见)和长期预测(5年以上)则是制订企业运输战略规划的基础。短期预测要求对影响预测的各种因素全面考虑,其准确性与可靠性大。

2. 运输量预测的内容

(1)客运量预测内容

根据预测的不同目的,客运量预测可分为全社会客运量预测(又称综合客运量预测)、营运性客运量预测和运输企业客运作业量预测。

全社会客运量是指在一定区域、统计时间段(通常为一年)内通过运输系统完成的客运总量,包括营运性客运量和非营运性客运量。全社会客运量预测是依据相关部门统计的全社会客运总量年鉴资料和有关规划中的发展目标对未来年份可能发生的客运需求量进行的预测。由于社会经济发展水平及人口增减状况与客运量的变化相关很大,通常在进行综合客运量预测之前先预测社会经济主要指标及人口数量的变化情况,以此来反映且检验综合客运量的预测结果。符合发展趋势的预测结果能够正确反映社会客运需求情况,为交通主管部门实施运输基础设施规划、运输管理规划提供基础依据,同时为运输企业掌握客运市场提供信息。

营运性客运量是指全社会客运量中由运输企业组织完成的客运量部分,包括公交运输、轨道运输、出租车运输、旅游包车等要求旅客支付一定运输费用的出行所产生的客运量。营运性客运量预测可以由全社会客运量预测结果按相关关系分解所得,也可以依据相关部门统计的营运性客运量资料进行预测。营运性客运量与当地运输供给状况密切相关，对营运性客运量的预测往往为交通运输管理部门掌握营运市场，合理制订运输策略，规划场站设施建设，调整运力运量结构提供依据。

运输企业客运作业量是指通过某客运公司组织完成的旅客运量。运输企业客运量属于营运性客运量，对其预测基于企业历史客运量资料，预测结果有利于运输企业掌握客运作业量变化规律，做出正确投资决策及经营策略，调整运力匹配。

（2）货运量预测内容

公路货运量预测与客运量预测相似，根据预测目的不同，货运量预测可分为全社会货运量预测（又称综合货运量预测）、营运性货运量预测和运输企业货运量预测。

全社会货运量是指在一定区域、统计时间段（通常为一年）内完成的货物运输总量，包括营运性货运量和非营运性货运量。营运性货运量是指通过签订运输协议，由货运企业或物流公司完成的货物运输总量，而非营运性货运量是指个人或生产单位自行组织的货物运输量，运输货物不进入运输市场。运输企业货运量是指通过某货运企业组织完成的货物运输量。需要注意，有些运输企业既经营营运性货运量又承担非营运性货运量，如挂靠于某些生产企业的运输企业为扩大经营规模，同时承揽一些营运性货运量。

由于货运量的产生与国民经济发展水平、产业结构及发展水平有密切关系，通常在货运量预测时需要预测经济发展、各产业产值增长状况。全社会货运量预测、营运性货运量预测或运输企业货运作业量预测分别依据相应的货运量统计资料，通过适当的预测方法预测未来货运量的变化情况。

全社会货运量预测能够反映未来社会货运需求情况，为交通主管部门实施运输基础设施规划，从宏观上协调运输需求与运输供给，制订宏观运输政策提供依据。营运性货运量预测可以反映货运市场未来趋势变化，为交通运输管理部门掌握市场规律，制订运输策略，规划站场设施，调整运力结构提供依据。运输企业货运作业量预测有利于货运企业掌握货运作业量变化情况，做出正确的投资决策及经营策略，调整运力匹配。

3. 运输量的预测步骤

运输量预测的程序可以概括为以下几个步骤：

(1) 确定预测的目标。这是进行预测要最先解决的问题，即预测目的是什么，解决什么问题，预测的对象是什么，预测的期限多长和范围多大等。

(2) 拟定预测计划。主要包括：预测的内容、参加预测的人员及分工、预算的编制、预测的进度等。

(3) 收集、分析和整理信息资料。只是一大堆资料、数据还不能称作信息，只有经过系统加工整理的资料和数据方能称作信息。

(4) 选择预测方法，建立预测模型。要根据市场发展趋势，建立相应的数学模型，然后，根据数学模型预测的公路运输量。

(5) 估计预测误差。预测是根据事物的过去及现在去预计未来，而未来具有很大的不确定性。因此，预测误差的产生是难免的，需要尽可能准确地估计可能产生的误差，并对预测值进行适当的估计。

(6) 检验预测结果。将预测结果与实际发生情况进行对比，找出其差额，分析产生的原因，以修正预测模型，提高预测精度。预测同样也存在信息反馈的过程。当检查的结果表明预测不准确，存在较大的误差时，我们可以根据有关的信息，修改预测模型，重新进行分析与计算，直到获得符合实际的预测结果。

4. 运输量预测的方法

预测理论产生了许多种预测方法，归纳起来大致可以分为两大类：定性预测法和定量预测法。根据预测实践的经验，在进行运输量预测时，要根据社会经济现象的不同特点和所掌握的数据，选择合适的预测方法，并将两种预测方法结合起来使用，以实现较好的预测效果。常见的预测方法如下：

(1) 定性预测法

定性预测法是靠人的主观经验和综合分析判断能力，对未来的发展状况做出估计的方法。主要适用于企业数据较少或数据不充分的情况。

(2) 定量预测法

定量预测法是依据必要的统计资料，借用一定的数学模型，对预测对象的未来状态和性质进行定量测算等方法的总称。

三、公路货运企业生产计划的编制

（一）货运企业生产计划的含义

货运企业生产计划是指货运企业对计划期内本企业应完成的货物运输量、货运车辆构成和车辆利用程度等方面进行必要的部署和安排。

货运企业生产计划是企业经营计划的组成部分。生产计划由运输量计划、车辆计划和车辆运用计划三部分组成。运输量计划和车辆计划是货运企业生产计划的基础部分，车辆运用计划是车辆计划的补充计划。运输量计划表明社会对货运服务的需要，车辆计划和车辆运用计划则表明运输企业可能提供的运输生产能力。编制货运生产计划的目的就是要在需要与可能之间建立起一种动态的平衡。

综合平衡是编制计划的基本方法。在编制公路货运生产计划时，必须实现以下的基本平衡：

（1）生产任务同设备能力、物资供应、劳动力之间的平衡。这是需要与可能之间的平衡。生产能力是企业完成生产任务的基本条件。公路货运经营单位必须配备一定的人力、物力与财力，并对之加以合理组织与科学运用，才能圆满地完成各项任务。

（2）各项计划指标之间的平衡。计划指标是货运经营单位在计划期内用数字表示的各个方面所需要达到的技术经济目标和发展水平。由于运输服务供给资源之间相互联系、相互制约，各项生产要素之间需要相互协调、相互匹配，因此，各项计划指标也应该做到相互平衡。

（二）公路货运生产计划的构成

1. 运输量计划

（1）运输量计划的内容

运输量计划以货运量和货物周转量为基本内容，主要包括：关于货运量与货物周转量的上年度实绩、本年度及各季度的计划值以及本年计划与上年实绩比较等内容。

公路货物运输企业在生产力的三要素中，仅掌握了劳动者、劳动工具，不掌握劳动对象。因此，要求公路货运企业进行深入而详尽的市场调研，以掌握货流的详细情况。

通常可根据下列资料确定货物运输量：①国家近期运输方针和政策；②各种运输方式的发展情况；③公路网的发展情况；④企业长期计划中的有关指标和要求；⑤运输市场调查和预测的结果，以及托运计划、运输合同等资料；⑥服务地区经济发展以及其他有关的资料。

（2）运输量计划的编制

运输量的确定，通常有下述两种方法：

①当运力小于运量时，以车定产。公路货物运输产业活动中经常存在着运力与运量的矛盾。当运力不能满足社会需要时，只能通过对运输市场的调查，掌握公路货物运输的流量、流向、运距，确定实载率和车日行程后，本着确保重点，照顾一般的原则，采用以车定产的办法确定公路货物运输量的计划值。

②当运力大于社会需要时，以需定产。即根据运输需求量，决定公路货运服务供给投入运力的多少。一般情况下，此种公路货运服务供给应在保持合理车辆运用效率指标水平的基础上，预测投入的车辆数，并将剩余运力另作安排。

需要注意的是，运距的长短、里程利用率与吨位利用率的高低以及装卸停歇时间的长短等都影响车日行程，并连锁反应到影响周转量。因此，里程利用率、吨位利用率、车日行程必须根据不同情况分别测算后综合确定。运输量计划值还必须通过与车辆运用计划平衡后确定。

2. 车辆计划

（1）车辆计划的内容

车辆计划即企业计划期内运输能力计划，主要需列明企业在计划期内营运车辆类型及各类车辆数量增减变化情况及其平均运力。它是衡量企业运输生产能力大小的重要指标。

车辆计划的主要内容包括：车辆类型及区分年初、年末及全年平均车辆数、各季度车辆增减数量、标记吨位等。

(2) 车辆计划的编制

①确定车辆数。车辆数是指平均车数。平均车数是指公路货运企业在计划期内所平均拥有的车辆数。

平均吨位可分为平均总吨位数与平均吨位。它是反映货运企业在计划期内可以投入营运的运力规模的大小。这两个值只是体现了企业的生产能力，并不代表实际的产量，区别在于车辆是否投入营运。

编制车辆计划时，年初车辆数及吨位数根据统计期年末实有数据列入。车辆增加和减少数量，根据实际增加和减少情况计算。标记吨位，一般以行车执照上的数据为准。若车辆经过了改装，则应以改装后的数据为准。年末车辆数及吨位数，按计划期车辆增、减变化后的实用数据统计。

②确定车辆增减时间。增减车辆的时间通常采用"季中值"法确定，即不论车辆是季初还是季末投入或退出营运，车日增减时间均以每季中间的那天算起。这是因为在编制计划时很难预订车辆增减的具体月份和日期。

3. 车辆运用计划

(1) 车辆运用计划的内容

车辆运用计划是计划期内全部营运车辆生产能力利用程度的计划，它由车辆的各项运用效率指标组成，是平衡运力与运量计划的主要依据之一。同等数量、同样类型的车辆，运用情况不同，效率发挥有高有低，完成的运输工作量会有差异。因此，编制车辆计划必须紧密结合车辆运用效率计划编制。

车辆运用计划由一套完整的车辆运用效率指标体系所组成。通过这些指标的计算，最后可以求出车辆的计划运输生产效率。

(2) 车辆运用计划的编制

车辆运用计划编制的最关键的问题是确定各项车辆运用效率指标值。各指标的确定应以科学、合理、可行、先进而又留有余地为原则，应能使车辆在时间、速度、行程、载质量和动力等方面得到充分合理的利用。科学合理的指标为组织汽车货运生产提供了可靠的保证。反之，不切实际的指标必然直接影响运输计划的顺利贯彻执行。

编制车辆运用计划有两种方法，即顺编法和逆编法。

①顺编法。顺编法是以"可能"为出发点，即先确定各项车辆运用效率指标值，在此水平上确定计划可完成的运输工作量。其具体计算过程是：首先根据计算汽车运输生产率的顺序，逐项确定各项效率指标的计划数值，如工作车日数、总行程、重车行程载质量等；再计算保持相同水平时，可能完成的运输工作量；最后与运输量计划相对照，如果符合要求，表明可以完成任务，就可根据报告期的统计资料和计划期的货源落实情况，编制车辆运用计划。如果计算的结果与运输量计划有较大差异，特别是低于运输量计划时，则应调整各项车辆运用效率指标直至两者基本相等时，才能据以编制车辆运用计划。

②逆编法。逆编法是以"需要"为出发点，通过既定的运输工作量来确定各项车辆运用效率指标必须达到的水平。各指标值的确定必须经过反复测算，保证其有完成运输任务的可能；同时也要注意不应完全受运输量计划的约束，若把各项车辆运用效率指标的计划值压得过多，则会抑制运输生产能力的合理发挥。

车辆运用计划编制的关键在于各项效率指标的确定。指标的确定必须科学、合理、可行。此外，由于各项效率指标是相互联系、相互作用的，因此，必须注重各项指标之间的相互协调。如车辆完好率与车辆工作率之间，存在着一定的制约关系，即车辆完好率应大于等于车辆工作率，也就是车辆工作率的计划值以车辆完好率的计划值为极限。如果货源充足但车辆完好率不高，许多车辆经常处于非技术完好状态，提高车辆工作率便失去保障。车辆完好率低而强行提高车辆工作率，会产生许多不良影响，使燃料消耗增加，机件故障频出，行车安全无保障等。因此车辆完好率虽然不是车辆运用效率指标，但在编制车辆运用计划时，必须首先确定车辆完好率的计划值。

此外，在编制车辆运用计划时，车辆运用计划中的运输工作量计划值一般应略大于运输量计划中的计划运输量，不能无根据地任意提高各项运用效率指标的计划值。否则，将直接影响运输量计划的贯彻执行。

四、车辆运行作业计划的编制

(一)编制车辆运行作业计划的必要性

车辆运行作业计划工作是运输生产计划的继续。运输生产计划虽然按年、季和月安排了生产任务,但它只是纲领性的生产目标,不可能对运输生产的细节做出作业性的安排。为此,有必要制订车辆运行作业计划,以便实现具体的运输过程。

车辆运行作业计划是有计划地、均衡地组织日常运输生产活动,建立正常生产秩序的重要手段。运输生产计划一般为年度计划,按年、季或月安排运输生产任务。车辆运行计划一般以月、旬、日以至运次,对运输生产活动做出具体的部署和安排,一般以五日运行作业计划较常见。

(二)车辆运行作业计划的类型

车辆运行作业计划可有不同的形式,通常根据其执行时间的长短,将之分为以下几种:

(1) 长期运行作业计划。适用于经常性的运输任务,通常其运输线路、起讫地点、运输量及货物类型等都比较固定。

(2) 短期运行作业计划。其形式适应性较广,对于货物运输起讫地点较多、流向复杂、货物种类也比较繁多的货运任务,可对之编制周期为三日、五日、十日等作业计划。

(3) 日运行作业计划。主要在货源多变、货源情况难以早期确定和临时性任务较多的情况下采用。

(4) 运次作业计划。通常适用于临时性或季节性、起讫地点固定的短途大宗货物运输任务。如粮食入库、工地运输、港站短途集散运输等,常常采用这种计划形式。

(三)车辆运行作业计划的编制依据、原则及步骤

1. 编制货运车辆运行作业计划的依据

(1) 企业的月度运输任务及车辆运用效率指标。

(2) 货源调查资料、有关运输任务以及已被核准的运输合同。

(3) 车辆技术状况及保修作业计划。

(4)装卸货地点的装卸能力及现场情况。

(5)计划期间的气象情况。

2. 车辆运行作业计划编制的原则

(1)工农业生产的、急需的、抢险救灾及战备用物资优先安排。

(2)保证重点、兼顾一般，综合平衡、全面安排。

(3)运力与运量相平衡。

(4)充分发挥车辆效率、注重经济效益。

3. 车辆运行作业计划的编制步骤

编制车辆运行作业计划是一项复杂细致的工作。在货源比较充足时，要编制好车辆运行作业计划，以保持良好的运输生产秩序，不失时机地完成尽可能多的运输任务；在货源比较紧张时，也要通过编制合理的车辆运行作业计划，尽可能提高车辆运用效率。

编制步骤依次为：①根据有关资料确定货源汇总和分日运送计划；②认真核对出车能力及出车顺序，妥善安排车辆进行保修日期；③逐车编制运行作业计划，合理确定行驶路线，妥善安排运行周期、选配适合车辆；④检查各车运行作业计划执行情况，及时发现计划执行出现的问题并予以解决，并为编制下期运行作业计划做好准备；⑤编制下期运行作业计划。

第二节 公路货物运输组织形式

我国交通基础设施和运输装备不断改善，为公路运输市场的快速发展创造了有利条件，也使公路客货运输的平均运距不断延长，加之我国运输需求量的逐年增加，运输向着高速化、重载化、集约化、规模化发展。在此发展环境下，甩挂运输、集装箱运输、国际多式联运、无车承运人等运输与经营形式逐渐成为公路货运组织形式的发展趋势。

一、甩挂运输

(一)甩挂运输概述

甩挂运输作为先进的运输组织形式，已在国际上得到广泛应用。改革开放以来，道路甩挂运输的理念在我国逐渐被接受并被试点应用，国家有关部门采取了一系列措施推进道路甩挂运输的发展。然而受各种制约因素的影响，我国道路甩挂运输发展滞后，牵引车和挂车数量少，拖挂比低，道路货物运输仍然以普通单体货车为主，与实现节能减排和发展现代物流的要求不相适应。

甩挂运输是指牵引车按照预定的运行计划，在货物装卸作业点甩下所拖的挂车，换上其他挂车继续运行的运输组织方式。在甩挂运输实践中，运输企业使牵引车或牵引汽车（带牵引装置的载货汽车）与半挂车能够自由分离与接合，通过半挂车或挂车的合理调度与搭配，缩短因装卸货物而造成的牵引车或牵引汽车的停靠时间，提高牵引车辆的利用率。

甩挂运输适用于运距较短、装卸能力不足且装卸停歇时间占汽车列车运行时间的比重较大的情况。若运距大到一定程度，由于装卸停歇时间占汽车列车运行时间的比重很小，反而使得汽车列车的生产率不一定高于同等载货汽车的生产率，而且还增加了组织工作的复杂性。

（二）甩挂运输所用主要装备

1. 汽车列车

根据国际标准化组织和我国的有关标准，汽车列车被定义为"一辆汽车（载货汽车或牵引车）与一辆或一辆以上挂车的组合。"牵引汽车是汽车列车的动力来源，而挂车是被拖挂车辆，本身不带动力源。汽车列车能适应多种运输需要，专用汽车中的厢式汽车、罐式汽车、自卸汽车、起重举升式汽车、仓栅式汽车及其他特种结构汽车等均可以采用汽车列车的形式。根据结构形式，汽车列车可分为以下五种：

①半挂汽车列车。由半挂牵引车同一辆半挂车组合。

②全挂汽车列车。由汽车（一般为载货货车）同一辆或一辆以上全挂车组合。

③双挂汽车列车。由半挂牵引车同一辆半挂车、一辆全挂车组合。

④全挂式半挂汽车列车。由汽车（一般为载货货车）通过牵引车与一辆半挂车组合。

⑤特种汽车列车。由牵引车同特种挂车组合。

根据汽车列车的最大装载质量，汽车列车又可分为轻型、中型和重型汽车列车，重型汽车列车最大装载质量可达数百吨。

2. 牵引车

牵引车是汽车列车的动力源，用以牵引挂车来实现汽车列车的运输作业。根据结构与功能，牵引车可分为以下三类：

（1）半挂牵引车

半挂牵引车用来牵引半挂车，与普通载货汽车相比，其车架上无货箱，只用作牵引，而在车架上装有鞍式牵引座，通过鞍式牵引座承受半挂车的前部载荷，并且锁住牵引销，拖带半挂车行驶。实践中可在载货汽车底盘的基础上，选取合适的后桥主传动比，缩短轴距，并在车架上配置鞍式牵引座进行改装。

（2）全挂牵引车

用于全挂列车和特种挂车列车的牵引，一般可由通用的载货汽车改装。全挂牵引车车架上装有货箱，车架后端的支承架处安装有牵引钩，通过牵引钩和挂环使牵引车与全挂车连接。拖带特种挂车的牵引车车架上装有回转式枕座，采用可伸缩的牵引杆同特种挂车连接，在运送超长尺寸货物时，也可通过货物本身将牵引车与特种挂车连接起来。

（3）场站用牵引车

用于机场、铁路车站、港口码头等特殊作业区域内，可牵引半挂车或全挂车，完成货物运送和船舶的滚装运输作业。场站用牵引车一般选用电动机或内燃机作动力，机动性好，能满足不同货物高度和不同行驶速度的要求。

全挂牵引车前后大多装有牵引钩，可迅速连接或脱挂一辆或一辆以上的全挂车；半挂牵引车多装有低举升型牵引座，使连接或脱挂半挂车方便可靠；场站用轻型和中型牵引车多用载货汽车改装，场站用重型牵引车大多是装载机变型产品。

3. 挂车

挂车是汽车列车组合中的载货部分，在牵引车的带动下实现货物的转移。挂车车身可按货物的不同要求制成各种专用或特殊结构，如罐式挂车、厢式挂车、集装箱挂车、自卸挂车、商品汽车运输专用挂车等。根据牵引连接方式，挂车可分为以下三类：

(1) 半挂车

半挂车是用于连接半挂牵引车的被拖挂车辆，其部分质量通过鞍式牵引座由半挂牵引车承担。

(2) 全挂车

全挂车是完全靠拖挂的车辆，通过牵引钩和挂环与牵引车相连，其本身的质量和装载质量均不在牵引车上。为减少轮胎的侧滑、磨损和汽车列车的转向阻力，一般将全挂车前轴设计成转向轴。按最大装载质量的不同，全挂车可分为轻型、中型和重型，其中重型全挂车又有重型平板挂车、重型长货挂车和重型桥式挂车3种。

(3) 特种挂车

特种挂车有两种连接方式，一种为全挂连接的牵引钩和挂环式，其牵引杆是可伸缩的，以适应不同长度货物的装载需要；另一种为非直接连接式，挂车车台通过所承载货物与牵引车上的回转式枕座连接。

4. 公铁两用车

公路铁路两用车辆（以下简称"公铁两用车"）是在驮背运输（把公路车辆放到铁路车辆上实现的运输）基础上演变而来的，实际上是一种大型公路挂车。它利用螺旋弹簧或液压装置将轮胎升起后可以直接装在铁路车辆转向架上，由转向架承载而在铁路轨道上运行（或者由公路挂车装上导向架构成铁路车辆，在公路上行驶时只需将导向架升起）。公铁两用车能有效解决传统甩挂运输车辆无效载荷与有效载荷比值较大、经济性不够理想等问题，既发挥了铁路远距离运输的规模效益，又具备公路门到门运输的灵活性。公铁两用车符合现代多式联运组织的需要，代表了货物运输的一种发展趋向。公铁两用车的优势主要表现在以下几个方面：

(1) 采用公铁两用车，省去了铁路车辆自重，有效载质量与运输工具自身质量之比可明显提高，也就是说，运输同样质量的货物可以节省牵引力，这是公铁两用车技术得以迅速发展的原因之一。

（2）不论挂车的长度如何，当它们编成铁路列车时，挂车之间的距离很小，这使得列车运行时空气阻力较低。

（3）公铁两用车的总高度低，可增大装载货物高度，从而增大车辆的装载容积。

（4）公铁两用车不需要大型起重机等换装设备，只需将铁轨嵌入地面，便于挂车上、下铁轨即可，这可减少铁路车辆的投资，也可减少场站的装卸作业设备投入。

（5）公铁两用车既具有公路运输车辆的装卸灵活性，又具有铁路运输车辆长距离快速货运的高效率，可以实现真正的"门—门"运输。公铁两用车可以在公路和铁路运输之间自由而迅速地转换、换装，可避免由此可能造成的货损货差。

（三）甩挂运输的主要优势

与传统运输方式相比，甩挂运输具有明显的优势，这些优势主要体现在两大方面：依托具备良好兼容性和可扩展性的车辆，甩挂运输可获得装备优势；依托先进、科学的组织管理方式，甩挂运输可获得技术经济优势。

1. 车辆装备方面

（1）挂车具有很好的兼容性

挂车的类型多样，包括厢式挂车、罐式挂车、平板挂车、集装箱挂车、商品汽车运输专用挂车等若干类，如在厢式半挂车的这一大类里还可以分出保温半挂车、冷藏半挂车等，在其他大类中也能区分出大量的细分车型。所以挂车对于其他道路运输车型的替代作用具备非常明显的条件。

（2）车辆的投入产出率高

挂车具有价格比较低廉、运输效率高、载质量大、单位运费较低等优点。对于挂车，国际一流水平的标准是降低牵引车燃油消耗率、装备质量最小化、有效载荷和有效容积最大化。挂车的运转机构如车轴、悬架、轮胎等经严格筛选，其总行驶里程至少可以达到牵引车总行驶里程的2倍以上，且故障率极低，正常运行条件下设计使用寿命也超过20年。

(3) 运载能力大，特别是容积的扩展空间大

根据我国相关标准，2008年1月1日以后在高等级公路上使用的整体封闭式厢式半挂车最大长度可放宽到14.6m，与其组成的铰接列车车长最大限值放宽到18.1m。因此，在国家政策的推动和市场需求的拉动下，大型封闭式挂车运输将成为公路干线运输的重要力量，且普通挂车市场需求逐渐向厢式车转移。可见，采用带挂车的汽车列车运输货物，是提高运输效率、降低运输成本的有效办法。

(4) 有助于实现公路长途运输

汽车列车具有运输效率高、吨公里油耗低、经济效益好、能够实现门到门运输等优势，已成为公路货运的主要运输工具之一。实践表明，吨位大、效率高、可实现一车多挂的半挂车会随着公路运输业的发展而成为最合适的公路长途运输工具。

(5) 可以实现运输网络节点上的暂时储存

发达国家的一些工商企业内部基本不设固定的仓库，也不自备货运车辆，几乎所有的周转、库存物资均存放在运输物流企业的厢式挂车或集装箱内，而这些厢式挂车或集装箱始终处于流通周转之中。在货运站的库房、货场比较紧张的情况下，采用甩挂运输使挂车车厢成为仓储的一部分，可以做到货不进库，收货后直接装车，减少仓储基础设施投资。

2. 技术经济方面

第一，甩挂运输能够增加牵引车的有效工作时间，降低牵引车相关的费用。对于某些道路货运企业，车辆实际工作时间内的行驶时间低于或者基本等于货物的装卸时间和待装卸时间，这时，应用甩挂运输可使2台或2台以上的挂车由同一台牵引车根据需要在不同时段牵引，这样可大大节约牵引车的购置数量和费用。在北美和欧洲的部分国家，1台可牵引12.2m（40in）集装箱车或相应厢式车的牵引车售价大约为1台挂车售价的1.5倍。按1部牵引车拖挂2部挂车测算，运输企业可节约50%左右的牵引车购置费用。当然，牵引车的价格不一定绝对高于挂车的价格，牵引车与挂车的配置比不一定特别高才有实行甩挂运输的必要，只要牵引车的费用相对于运输成本而

言是不可忽视的，在营运中就有开展甩挂运输的必要。此外，牵引车数量的减少能够降低对企业自身停车场面积的需求，降低企业自有车辆的维修费用。

第二，甩挂运输能够减少雇用驾驶员的数量并降低相关人工费用。由于运输企业对大型牵引车驾驶员的要求很高，世界各国大型牵引车驾驶员的雇用工资都比较高。统计资料表明，非甩挂运输货车的驾驶员工资在运输企业成本中所占比重为40%左右，而大型牵引车仅占25%，因此，许多企业宁愿更多地购置生产或服务设备以压缩对技术工人（包括大型牵引车驾驶员）的雇用。甩挂运输的应用不仅节约了运输工具的购置，而且减少了驾驶员的雇用数量，从而降低人员工资费用和与人员有关的其他支出（如社会福利、医疗保险、养老保险等）。

第三，甩挂运输有助于运输场站成本的压缩，实现规模效益。甩挂运输需要在较高组织化程度的条件下进行，开展甩挂运输可以促进交通运输场站等基础设施的建设与发展，促进道路运输实现网络化经营，从而推动道路运输企业向集约化、规模化方向发展；在甩挂运输场站内，车辆进站，甩下原挂车，挂上新挂车，随即可走，这样压缩了等待装卸的时间，有利于加速车辆周转，增加车日行程；收货后直接装车，可减少搬运装卸次数，且整车交接、手续简单，保证了货运服务的品质。

第四，甩挂运输在提高运输工具容积利用率的基础上，能够促进多式联运的发展，并获得速度、成本等方面的更大收益。开展甩挂运输可以促进道路运输与铁路运输、水路运输的多式联运，实现以道路甩挂运输为基础的驮背运输、滚装运输，充分发挥各种运输方式的技术经济优势，并减少针对货物的装卸作业等待时间，提高装卸效率和载运工具的容积利用率。在驮背运输、滚装运输的多式联运过程中，由干线运输牵引车将装好货物的挂车拖至铁路货场或港口，再由场内牵引车（或干线牵引车）将挂车移送至铁路平车、船舶甲板或舱位后与挂车分离，到达目的站或目的港后，再由另一端的牵引车将挂车运至目的地。这种多式联运组织形式显著地减少了对汽车动力部分的占用，提高了铁路车辆和船舶的容积利用率。此外，以甩挂运输为基础的驮背运输、滚装运输可以提高长途干线运输过程的运行速度。

（四）甩挂运输的组织形式

根据汽车和挂车的配备数量、线路网的特点、装卸点的装卸能力等，甩挂运输可有不同的组织形式。

在运输实践中，甩挂运输所采用的组织形式有以下几种：

1. 一线两点甩挂运输

这种组织形式适宜往复式运输线路，即在线路两端的装卸作业点均配备一定数量的挂车，汽车列车往返于两个装卸作业点之间进行甩挂作业。根据线路两端不同货流情况或装卸能力，可组织"一线两点，一端甩挂"和"二线两点，两端甩挂"两种形式。

一线两点甩挂适用于装卸作业点固定、运量较大的线路上。但其对车辆运行组织工作有较高要求，必须根据汽车列车的运行时间、主挂车的装卸作业时间等资料，预先编制汽车运行图，以保证均衡生产。

2. 循环甩挂

这种组织形式是在车辆沿环形式路线行驶的基础上，进一步组织甩挂的组织方式。它要求在闭合循环的回路的各个装卸点配备一定数量的挂车，汽车列车每到达一个装卸点后甩下所带的挂车，装卸工人集中力量完成主车的装或卸作业，然后挂上预先准备好的挂车继续行驶。

这种组织形式的实质是用循环调度的方法来组织封闭回路上的甩挂作业，它提高了车辆的载运能力，压缩了装卸作业停歇时间，提高了里程利用率，是甩挂运输中较为经济、运输效率较高的组织形式之一。循环甩挂涉及面广，组织工作较为复杂。所以组织循环甩挂时，一要满足循环调度的基本要求，二要选择运量较大且稳定的货流进行组织，同时还要有适宜组织甩挂运输的货场条件。

3. 一线多点，沿途甩挂

这种组织形式要求汽车列车在起点站按照卸货作业地点的先后顺序，本着"远装前挂，近装后挂"的原则编挂汽车列车。采用这一组织形式时，在沿途有货物装卸作业的站点，甩下汽车列车的挂车或挂一预先准备好的挂车继续运行,直到终点站。汽车列车在终点站整列卸载后,沿原路返回,经由先前甩挂作业点时,挂上预先准备好的挂车或甩下汽车列车上的挂车,继续运行直到返回始点站。

一线多点,沿途甩挂的组织形式,适用于装货地点比较集中而卸货地点比较分散,或卸货地点集中而装货地点分散,且货源比较稳定的同一运输线路上。当货源条件、装卸条件合适时,也可以在起点或终点站另配一定数量的挂车进行甩挂作业。定期零担班车也可采用这一组织形式。

4. 多点一线,轮流拖挂

这种组织方式是指在装(卸)点集中的地点,配备一定数量的周转挂车,在汽车列车未到达的时间内,预先装(卸)好周转挂车的货物,当在某线行驶的列车到达后,先甩下挂车,集中力量装卸主车,然后挂上预先装(卸)好的挂车返回原卸(装)点,进行整列卸(装)的甩挂运输组织形式。

多点一线,轮流拖挂组织形式实际上是一线两点、一端甩挂的复合,不同的只是在这里挂车多线共用,所以提高了挂车的运用效率。它适用于发货点集中、卸货点分散,或卸货集中、装货点分散的线路上。

集装箱港口甩挂运输是最常见的多点一线甩挂运输形式。依托于当地港口经济和对外贸易的发展,在港口与港口腹地之间开展甩挂运输,在我国已经较多地应用于沿海大型港口集装箱的集疏运,如浙江、山东、福建等沿海省市港口。

二、零担货物运输

(一)零担货物与整车货物运输的概念

1. 整车货物运输的概念

托运人一次托运的货物在 3t(含 3t)以上,或虽不足 3t,但其性质、体积、形状需要一辆 3t 以上车辆进行公路运输的,称为整车货物运输。为明确运输责任,整车货物运输通常是一车一张货票、一个发货人。以下货物必须按整车运输。

①鲜活货物,如冻肉、冻鱼、鲜鱼、活的牛、羊、猪、兔、蜜蜂等。

②需要专车运输的货物,如石油、烧碱等危险货物,粮食、粉剂等散装货物。

③不能与其他货物拼装运输的危险品。

④易于污染其他货物的不洁货物,如炭黑、皮毛、垃圾等。

⑤不易于计数的散装货物,如煤、焦炭、矿石、矿砂等。

2. 零担货物运输的概念

零担货物运输是指当一批货物的质量或体积不够装一车的货物(不够整车运输条件)时,与其他货物共享一辆货车的运输方式。我国《汽车零担货物运输管理办法》规定:公路零担货物运输指的是同一托运人一次托运同一到达站计费的质量不足 3t(不含 3t)的零担货物运输方式。汽车运输的零担货物具有运量小、批次和品种多、包装各异、流向分散等特点,加之零担货物性质比较复杂,以件包装货物居多,许多货物价值较高,多数品种怕潮、怕重压,需要几批甚至十几批货物才能配装成一辆零担车。

(二)零担货物运输的特点及优势

零担货物运输是货物运输方式中相对独立的一个组成部分,相比于整车运输,由于其货物类型和运输组织形式的独特性,衍生出其独有的特点,主要表现在以下 4 个方面:

1. 货源的不确定性和来源的广泛性

零担货物来源广泛,而且货物的流量、流向、流时等多为随机发生,均具有不确定性,难以通过合同方式将其纳入计划管理范围内。

2. 组织工作复杂

零担货物种类繁杂,运输需求多样化,所以必须采取相应的组织形式,才能满足人们的货运需求。这就使得零担货运环节多,作业工艺细致,设备种类较多,对货物的配载和装卸要求较高。货运站作为零担货运的主要执行者,必须完成货源组织、零担货物的确认和零担货物配载等大量的业务组织工作。

3. 单位运输成本高

为了适应零担货物运输的需求,货运站要配备一定的仓库、货棚、站台，配备相应的装卸、搬运和堆垛机械以及专用厢式车辆，投资较高。再者，相对整车货物运输而言，零担货运中转环节多，易出现货损、货差，赔偿费用较高。因此，零担货物运输的单位运输成本较高。

4. 机动灵活

零担货物运输车辆大都定线、定期、定车运行，业务人员和托运单位对零担货运安排都比较清楚，便于沿线各站点组织货源，所以回程的实载率较高，经济效益显著。零担货物运输可做到上门取货、就地托运、送货到家、手续简单，能有效缩短货物的运送时间。这对于具有竞争性、时令性和急需的零星货物运输具有十分重要的意义。另外，零担货物运输还可承担一定的行李、包裹的运输，成为客运工作的有力支持者。

（三）零担货源的组织

货源组织是零担货物运输组织的一项基础性工作。零担运输货源组织工作始于货源调查，直至货物受托为止，即为寻求、落实货源而进行的全部组织工作。常用的零担货源组织方法有以下 6 种方式：

1. 实行合同运输

合同运输有利于加强市场管理，稳定货源；有利于编制运输生产计划，合理安排运输生产；有利于加强运输企业责任感，提高服务质量；有利于简化运输手续，减少费用支出。合同运输是多年来运输部门行之有效的货源组织方式之一。

2. 建立零担货物运输代办站（点）

由于零担货物具有零星、分散、品种多、批量小和流向广等特点，这就需要通过站点和仓库来集散组织零担货源。但这些站（点）和仓库不能仅依靠运输企业自身的力量去设置。因此利用代办单位或个人的闲置资源开办零担货物代办站（点），是组织零担货源的较好方法，这种站（点）特别适合于农村地区。

3. 委托社会相关企业代理零担货运业务

货物联运公司、商业企业以及邮局等单位社会联系面广，有较稳定的货源，委托他们办理零担货运受理业务，是一种较为有效的零担货源组织方法。

4. 建立货源情报制度

零担货运企业可在零担货源比较稳定的物资单位聘请货运信息联络员，建立货源情报制度，充当本企业的业余组货人员。这样可以随时得到准确的货源消息。采取这种办法还可以零带整，组织整车货源。

5. 开展电话受理业务

设立电话受理业务可以使货主就近办理托运手续，特别是能向外地货主提供方便。

6. 建立信息平台，开展网上接单业务

当前互联网日益普及，电子商务高速发展，零担货运企业应积极利用这些先进的信息手段，开展网上接单业务，扩大货源。

(四) 零担货物运输的组织形式

零担货物运输的组织形式有以下几种。

1. 固定式零担班车

固定式零担班车又称汽车零担货运班车，一般是以零担货运企业服务区域内的零担货物的流量、流向以及货主的实际需求为基础组织运行的。固定式零担班车又分为直达式零担班车、中转式零担班车和沿途式零担班车。

(1) 直达式零担班车

直达式零担班车是所有零担货运组织形式中最为经济的一种，是零担货运的基本形式。直达式零担班车的组织是在起运站将不同发货人托运至同一到达站且性质适于配装的零担货物装于一车，一直运送至到达站的运输组织形式，直达式零担班车适用于货源充足、流向集中的线路。其主要优点是减少了货物在中转站的作业环节，因而减少了货损货差的发生；中转作业环节的减少，还有利于提高零担货物的运送速度，加速零担班车的车辆周转。

(2) 中转式零担班车

中转式零担班车是在起运站将不同发货人托运至同一去向但不同到达站且性质适于配装的零担货物同车送至规定的中转站，再与中转站的其他同性质零担货物组成新的零担班车，将零担货物运往目的地的运输组织形式。

中转式零担班车适用于货源不足、直达式零担班车组织条件不成熟的情况。中转式零担班车由于中转作业环节较多（为进行一次中转的组织形式，实际运输组织中，可能会发生多次中转），使得货运组织工作复杂，但它是直达零担班车的有益补充。

零担货物中转站点的选择和中转范围的划分，必须根据货源和货流的特点，按照经济区划原则，在充分做好调查的基础上加以确定，这是因为合理选择中转站和划分中转范围，对于加速零担货物的运送速度，减少不必要的中转环节，均衡各中转站的作业量大有裨益。零担货物在中转站点的中转作业一般有3种基本做法。

①落地法。将到达中转站的零担班车上的全部货物卸下入库，重新按照货物流向或到达站在货位上进行集结待运，而后将货物重新配装组成新的零担班车继续运送至各自的目的地，简称为"卸下入库，另行配装"。落地法的优点是简单易行，车辆载质量和容积利用较好；缺点是中转站的货物装卸作业量大，作业速度慢，仓库和场地的占用面积也较大，所以在中转作业中，应尽量避免使用落地法和减少落地货物的数量。

②坐车法。将到达中转站的零担班车上的核心货物（中转数量较多或卸车困难的货物）留在车上，其余货物全部卸下入库，而后在到达零担班车上加装与核心货物同一到达站的货物，组成新的零担班车，将核心货物和加装货物继续运送至目的地，简称为"核心不动，其余卸下，另行配装"。坐车法的优点是由于核心货物不用卸车，减少了中转站的装卸作业量，加快了货物中转作业速度，节约了货位与装卸劳力；缺点是不易检查和清点留在零担班车上的核心货物的装载情况和数量。

③过车法。几辆零担班车同时到达中转站进行中转作业时，将某零担班车上的货物直接换装到另外的零担班车上，而不卸到仓库中或货位上，将过车后的货物继续运送至目的地，简称为"不落地，直接换装"。

(3) 沿途式零担班车

沿途式零担班车是在起运站将不同发货人托运至同一去向但不同到达站且性质适于配装的零担货物组成零担班车，在运输线路上的各计划作业点卸下或装上零担货物后继续行驶，直至最后一个目的地的运输组织形式。

沿途式零担班车的运输组织工作比较复杂，车辆在途运行时间较长，但能满足托运者多品种、小批量的运输需求，并能充分利用车辆的载质量与容积。

2. 不定期零担班车/非固定式零担班车

不定期零担班车/非固定式零担班车又称加班车，是零担货运企业根据零担货流的具体情况，临时组织的一种零担班车，因此这种零担班车的计划性差，适宜在季节性强的零担货物线路上临时运行。

三、集装箱运输

（一）集装箱运输概述

1. 集装箱运输的概念

集装箱运输（Container Transportation）是指以集装箱这种大型容器为载体，将货物集合组装成集装单元，以便在现代流通领域内运用大型装卸机械和大型载运车辆进行装卸、搬运作业和完成运输任务，从而更好地实现货物"门—门"运输的一种新型、高效率和高效益的运输方式。集装箱运输可以用于海洋运输、铁路运输、航空运输、公路运输、内河运输以及多式联运。

集装箱运输是对传统的以单件货物进行装卸运输工艺的一次重要革命，是当代世界最先进的运输工艺和运输组织形式，是交通运输现代化的重要标志。由于集装箱运输具有巨大的社会效益和经济效益，因而现代化的集装箱运输热潮已遍及全世界。各国都把集装箱运输的普及和发展作为该国运输现代化进程的标志，国际航运中心（国际运输中心、国际贸易中心）也以集装箱装卸中转量的规模为现代化进程的主要标志。

2. 集装箱运输的特点

集装箱运输是以集装箱作为运输单位进行货物运输的一种先进运输组织形式，其主要优势如下：

（1）高效益的运输方式

集装箱具有坚固、密封的特点，其本身就是一种极好的包装。使用集装箱可以简化包装，有的甚至无须包装，实现件杂货无包装运输，可大大节约包装费用。货物装箱并铅封后，途中无须拆箱倒载，一票到底，即使经过长途运输或多次换装，也不易损坏箱内货物，降低了由于货损货差引发的费用。此外，集装箱由于装卸效率高，装卸时间缩短，对船公司而言，可提高航行率，降低运输成本，对港口而言，可提高泊位通过能力，从而提高吞吐量。

（2）高效率的运输方式

由于集装箱装卸机械化程度很高，货物装卸搬运作业的标准化使得工作变得简单和有规律。因而每班组所需装卸人数很少，平均每个工人的劳动生产率大大提高。另一方面，由于集装箱运输方式减少了运输中转环节，货物的交接手续简便，提高了运输服务质量。据航运部门统计，一般普通货船在港停留时间约占整个营运时间的56%，而集装箱船舶的在港装卸停泊时间可大大缩短，仅占整个营运时间的22%。

（3）高投资的运输方式

集装箱运输虽然是一种高效率的运输方式，但是它同时又是一种资本高度密集的行业。首先，船公司必须对船舶和集装箱进行巨额投资。根据有关资料表明，集装箱船每立方英尺的造价为普通货船的3.7～4倍，集装箱的投资也相当大。开展集装箱运输所需的高额投资，使得船公司的总成本中固定成本占有相当大的比例，高达2/3以上。其次，集装箱运输中的港口的投资也相当大。专用集装箱泊位的码头设施包括码头岸线和前沿、货场、货运站、维修车间、控制塔、门房，以及集装箱装卸机械等，耗资巨大。再者，为开展集装箱多式联运，还需有相应的内陆设施及内陆货运站等，为了配套建设，这就需要兴建、扩建、改造、更新现有的公路、铁路、桥梁、涵洞等，这方面的投资是惊人的。可见，实现集装箱化，需要大量的资金投入。

（4）高协作的运输方式

集装箱运输涉及面广、环节多、影响大，是一个复杂的运输系统工程。集装箱运输系统包括海运、陆运、空运、港口、货运站以及与集装箱运输有关的海关、商检、船舶代理公司、货运代理公司等单位和部门。如果互相配合不当，就会影响整个运输系统功能的发挥，如果某一环节失误，必将影响全局，甚至导致运输生产停顿和中断。因此，整个运输系统各环节、各部门之间要高度协作，只有这样，才能保证集装箱运输系统高效率地运转。

（5）适于组织多式联运

集装箱运输适于不同运输方式之间的联合运输。在换装转运时，海关及有关监管单位只需加封或验封转关放行，从而提高了运输效率。此外，由于国际集装箱运输与多式联运是一个资金密集、技术密集及管理要求很高的行业，是一个复杂的运输系统工程，这就要求管理人员、技术人员、业务人员等具有较高的素质，才能胜任工作，才能充分发挥国际集装箱运输的优越性。

在我国，装箱运输，尤其是集装箱海运已经成为一种普遍采用的重要的运输方式。目前，集装箱运输已进入以国际远洋船舶运输为主，以铁路运输、公路运输、航空运输为辅的多式联运为特征的新时期。

（二）集装箱货物运输流程

1. 集装箱货物出口业务的一般流程

（1）订舱

发货人或其货运代理人根据贸易合同或信用证条款的规定，在货物托运前的一定时间内，填写集装箱货物托运单或订舱单，向船公司或其代理公司或其他运输经营人申请订舱。

（2）接受托运申请

船公司或其代理公司在接到托运申请时，首先应考虑其航线、船舶、港口、运输条件等状况能否满足发货人的要求。在接受托运申请后，应审核托运单并与订舱单核对，确认无误后，在装货单上签章，然后将装货单退还给货主或货运代理人。货主或货运代理人即可持装货单，向海关办理货物出口报关手续。而船公司或船公司的代理人则在承运货物后，根据订舱单或托运单编制定舱清单，分送集装箱装卸作业区的集装箱码头、堆场和货运站，以准备空箱的发放和重箱的交接等事宜。

（3）提取空箱

通常，集装箱是由船公司无偿借给货主或集装箱货运站使用的。在整箱货的情况下，船公司或其代理公司在接受托运申请后，即签发集装箱发放通知单，连同集装箱设备交接单一并交给托运人或货运代理人，持该文件到集装箱堆场或内陆站提取空箱。而在拼箱货的情况下，则由集装箱货运站提取空箱。提取空箱时，在集装箱装卸作业区的门卫处，由装卸作业区的门卫会同提取空箱的载货汽车驾驶员，代表集装箱堆场及集装箱使用人对集装箱及其附属设备的外表状况进行检查，然后分别在设备交接单上签字，设备交接单双方各执一份。

（4）报检

发货人或货运代理人应按照国家有关法规并根据商品特性，在规定期限内填写好申报单分别向商检、卫检、动植物检疫等口岸监管部门申报检验。经监管部门审核或查验，依据不同情况分别予以免检放行或经查验处理后出具有关证书放行。

（5）报关

发货人或货运代理人应依据国家有关法规，在规定期限内持报关单、场站收据、商业发票等有关单证向海关办理申报手续。经海关审核后根据不同情况分别予以直接放行或查验后出具证书放行，并在场站收据上加盖放行章。

（6）装箱

货主或货运代理人托运的货物既可能是整箱货，也可能是拼箱货。在整箱货的情况下，由货主自行办理出口报关手续，装箱时需有发货人或货运代理人所申请的理货人员到场计数验残。装箱完毕由发货人或货运代理人负责施加船公司铅封，并编制装箱单和港站收据，注明卸货港口、提单号码、箱号、封志号、货名、件数、质量和尺码等。而对于内陆（通过水路、公路、铁路）运输至集装箱码头堆场的整箱货，应另有内陆海关关封，由有关代理向出境地海关办理转关手续。

拼箱货装箱由发货人或货运代理将不足一整箱的货物连同事先编制的场

站收据送交集装箱货运站。集装箱货运站核对场站收据和货物并在场站收据上签收。如果发现货物外表状况有异状，需在场站收据上按货物的实际情况做出批注。集装箱货运站根据各货主的货物性质类别组拼装箱。装箱时需有货运站所申请的理货人员到场计数验残。装箱完毕，由货运站负责施加船公司铅封，并填制内容同整箱货相同的装箱单等。

（7）集装箱交接

不论是整箱货还是拼箱货，最终都需送交集装箱装卸作业区的集装箱堆场等待装船。发货人或其代理人将重箱连同按装箱顺序编制的装箱单和设备交接单（进场）以及场站收据，通过内陆运输送交集装箱装卸作业区集装箱堆场码头。首先，集装箱装卸作业区的门卫会同内陆运输的载货汽车驾驶员对进场的重箱检验后，双方签署设备交接单，并将设备交接单中的用箱人联退还运箱人；其次，集装箱堆场码头则在核对有关单证后在场站收据上签字并退交发货人或货运代理人以换取提单。

（8）换取提单

发货人或货运代理人凭集装箱堆场签署的场站收据向船公司或其代理公司换取提单，并据此向银行结汇。

（9）装船

集装箱进入集装箱装卸作业区的集装箱堆场后，装卸作业区根据待装货箱的流向和装船顺序编制集装箱装船计划或积载计划，在船舶到港前将待装船的集装箱移至集装箱前方堆场，按顺序堆码放于指定的箱位，船舶到港后即可顺次装船。装船后编制出口载货清单向海关办理船舶出口报关手续。

（10）单证资料传送

船公司或其代理人应于船舶开航前24h向船方提供提单副本、舱单、装箱单、积载图、特种集装箱的清单、危险货物集装箱清单、危险货物说明书、冷藏集装箱清单等全部随船资料，并应于起航后（近洋开船后处，远洋起航后48h内）采用传真、电子邮件、电传、邮寄的方式向卸货港或中转港发出卸船所需的资料。由于目前集装箱船舶航行速度的加快，上述单证已经基本通过电子化的方式（EDI）在船公司内部交换。

2. 集装箱货物进口业务的一般流程

（1）寄送货运单证

出口港及发货方在船舶开航后，将有关单证航空邮寄给进口航区船公司的集装箱管理处或其代理公司。

（2）卸船准备

船公司的集装箱管理处或其代理公司收到这些单证后，即分别发给代理公司和集装箱码头堆场和集装箱货运站，以做好卸船的准备。

（3）发出到货通知

船公司或其代理公司将船舶到港时间及有关情况通知收货人，向收货人或其代理人发出到货通知书，通知收货人或其代理人做好报关提货的准备。

（4）换取提货单

收货人或其代理人向银行付清货款领取单证后，凭船公司或其代理公司所发的到货通知书和正本提单向船公司或其代理公司换取提货单。如果是到付运费，则必须付清运费再换单。

船公司或其代理公司核对正本提单以后，如果没有异常，即向收货人签发提货单。

（5）报关

收货人或其代理人在规定期限内，持报关单、提货单和提单副本以及装箱单等其他有关单证，到海关办理申报、纳税手续。经海关审核同意后，在提货单上盖章放行；如需要查验，则在提货单上盖查验章，另外约时间进行查验。经查验后无异议，再在提货单上加盖海关的放行章给予放行。

（6）报检

收货人或其代理人在规定期限内，持提货单和其他有关单证，到商检、卫检、动植物检等口岸监管部门办理有关申报手续。经审核同意即在提货单上盖章放行；如果需查验，则开出查验通知，另外约定时间，经查验并消毒处理后，再在提货单上盖章放行。

（7）卸船

船舶靠泊后，集装箱码头堆场作业人员即上船与船方洽谈卸船事宜，进行卸船作业。船方委托理货人员计箱验残，与集装箱码头堆场人员交接，码头堆场按照拟订的卸船堆场计划堆放集装箱。卸船完毕后，由理货员编制理货报告单，送交船公司或其代理公司。

如果是烈性危险品集装箱卸船，那么在船舶靠泊前，船公司或其代理公司必须凭有关危险品单据向口岸港监管部门，签证船舶载运危险货物申报单，经准许后才能准备卸箱。然后根据事先约定，收货人或其代理人必须按计划即时派车到船边直接提箱。

（8）提货

收货人或其代理人凭盖有"一关""与检"等放行章的提货单，到有关集装箱码头堆场的提货受理处办理提货手续。如果提取整箱货，那么收货人或其代理人还必须向有关船公司或其代理人办理放箱单，办妥放箱手续并在提货单上盖船公司的放箱章后，才予以办理提箱手续。提箱时，收货人或其代理人需另凭设备交接单，向集装箱码头堆场人员进行交接。收货人提箱后，应尽可能在免费用箱的时间内拆箱、卸货，并把空箱运回指定的地点。如果提取的是拼箱货，则先由集装箱货运站提取重箱到货运站，再由货主到货运站提取货物。

（9）索赔

收货人在提货时发现货物与提单（或装箱单）不符时，应分清责任，及时向有关责任方（如发货人、承运人、保险公司等）提出索赔，并提供有效的单据和证明。

第四章 公路旅客运输组织与公交客运组织

第一节 公路旅客运输组织

公路旅客运输是我国道路运输业的一个重要组成部分，随着我国交通事业和国民经济生活水平的迅速发展，公路旅客运输的地位和作用更为显著，因此了解旅客运输业务，加强旅客运输组织工作，对于提高道路客运组织水平和服务质量具有重要的意义。

一、城际旅客运输的概述

（一）城际客流的含义及其特点

公路客运是指以旅客为运输对象，以汽车为主要运输工具，在公路上实施有目的的旅客运输活动。公路客运和铁路客运是人们中短途出行的主要运输方式，两种运输方式一直以来保持合作和竞争的关系。公路客运具有机动灵活、直达性好、可实现"门到门"直达运输等优势。

公路旅客运输与其他客运方式相比，有五项特点。

（1）路网最密集：公路旅客运输是沟通城市与乡村，连接内地和边疆，分布最广阔，在各种客运方式中网络最为密集的运输方式。

（2）运输覆盖面广：以汽车为主要运输工具，对道路条件适应性强，能够运达山区、林区、牧区等不易到达的地方。

（3）运输方式多样：既可组织较多车辆完成一定规模的、大批量的旅客运输任务，也可单车作业，完成小批量的旅客运输任务，还可以为铁路、水路、航空等运输方式集散旅客。道路旅客运输可以满足多种客运需要，如长途、超长途、高速、旅游、包车、出租等运输。

（4）灵活性强：道路客运线路纵横交错、干支相连，线路和站点形成网络，并易于根据情况调整，便利旅客乘车，能较好地满足旅客出行的需要，具有其他运输方式所没有的"门到门"运输和就近上下客等特点。

（5）投资少，资金回收快：车辆更新容易，能适应国民经济的发展和人民物质文化水平提高的需要。

（二）公路客运营运方式及类型

1. 公路客运营运方式

针对不同的旅客，目前公路客运部门主要采用的具体营运方式有：长途直达客运、城乡短途客运、普通客运、旅游客运、旅客联运以及包（租）车客运。

（1）长途直达客运

长途直达客运是在运距较长的线路上，在起终点站之间不停靠，或仅在大站才停靠的旅客班车运输方式。该方式主要用于跨省、跨区的长途干线上的旅客运输。一般情况下，当直达客流量大于客车定员的60%时，可考虑开行直达客车。

高等级公路上的长途直达客运，可以不配乘务员，旅客上下由停靠站组织。采用这种运输方式的客车，要做到车容整洁、车况良好，要尽可能提高乘坐的舒适性和车辆行驶速度。

现在行驶在高等级公路上的长途直达客运班车，有的已配一名乘务员负责上下车引导、车上饮料分发、录像放映等服务，这也是现代公路运输的新要求。

（2）城乡短途客运

开行在城乡线路上的客车，需要沿途各站频繁停靠。因此，为方便随车售票，组织招呼站旅客上下车，这种营运方式的客车上通常配乘务员。用于这种营运方式的客车除了需要一定数量的座椅外，还应保留一定站位和放置物品的空间。

(3) 普通客运

普通客运是普遍采用的客运班车营运方式，该方式的客车在沿线主要站点都停靠进行服务作用。当直达客流不多，区间客流占班线客流的80%以上时，一般采用这种运输方式。普通客运可与直达客运在客流量较大的干线上共运，相互配合，以满足不同旅客的需要。普通客运班车上可以配乘务员，但不强求统一。

(4) 旅游客运

旅游客运是在游客较多的旅游线路上开办的旅客运输方式。这种客车通常对舒适性要求较高，而且车型不能单一，应备有较高级的大、中、小型客车，以满足不同游客的需要。

(5) 旅客联运

随着生活水平的提高，远距离旅行越来越多，因此，选择多种运输方式旅行已很自然。旅客联运是指不同运输方式或不同运输企业相互衔接，运送旅客到达目的地的运输。旅客由出发地购买联运客票，在途中换乘另一种运输方式时不需再购买客票，只需办理换乘签字手续。旅客联运分国际旅客联运和国内旅客联运两种。旅客联运可以减少旅客的中转换乘时间，受到旅客的欢迎。

(6) 包（租）车客运

包（租）车客运是将客车包租给用户安排使用，按行驶里程或包用时间计费的一种营运方式。

2. 公路客运班车分类

班车客运是指有固定线路、固定站点、固定班次和固定班时的营运方式，在线路起讫点及沿途各站点均可上下旅客。

目前，公路客运班车根据国家及有关部委的规定，具体分类如下：

(1) 按班次性质分类

①直达班车：指由始发站直达终点站，中途只作必要停歇，但不上下旅客的班车。

②普快班车：指站距较长，沿途只停靠市、县及大镇等主要站点的

班车。

③普客班车：指站距较短，停靠站点（含招呼站）较多，配备随车乘务员的班车。

④城乡公共汽车：指由县城开往乡镇农村、站距短、旅客上下频繁，并配备随车乘务员的短途班车。

公路旅客运输组织

(2) 按班次时间分类

①白班车：指在白天运行的各种客运班车。

②夜班车：指在夜间运行，发车时间或到达时间在夜间的客运班车。

(3) 按运行区域分类

①县境内班车：指运行在本县境内的各种客运班车。

②跨县班车：指运行在本地（市、州）境内，县与县之间的各种客运班车。

③跨区班车：指运行在本省（直辖市、自治区）境内，地（市）与地（市）之间的各种客运班车。

④跨省班车：指运行在国内省与省之间的各种客运班车。

⑤跨国班车：指在国与国之间运行的客运班车。

(4) 按运行距离分类

①一类班车：指运行距离在800km以上（含800km）的客运班车，一般称超长客运。

②二类班车：指运行距离在400（含400）～800km的客运班车。

③三类班车：指运行距离在150（含150）～400km的客运班车。

④四类班车：指运行距离在25～150km的客运班车。

⑤短途班车：指运行距离在25km以下的客运班车。

(5) 按车辆结构和服务档次分类

①高级客运班车：指车辆主要结构性能优良、座位舒适、内部装饰豪华，并设有高性能的空调、音响和影像设备及小型厕所等装置的客运班车。

②中级客运班车：指车辆的主要性能良好、结构较好、座位舒适的客运班车。

③普通客运班车：指车辆的主要性能良好、结构一般的客运班车。

（6）按车辆类型分类

①大型客运班车（大客）：指车辆长度超过9m、45座以上的客运班车，具体又可分为高三级、高二级、高一级、中级和普通级5个等级。

②中型客运班车（中客）：指车辆长度为6～9m、20～45座的客运班车，具体又可分为高二级、高一级、中级和普通级4个等级。

③小型客运班车（小客）：指车辆长度在6m以下、20座以下的客运班车，具体又可分为高二级、高一级、中级和普通级4个等级。

3. 客运班车类型选择

公路客运部门在选用班车车型时，一般应考虑以下几个方面。

（1）根据用途选用

对与铁路分流和旅游线路上的客车，应该选用速度高、舒适性好的客车；对长途直达线路，应尽可能选用具有较高行驶速度和有较大行李箱、架的客车；对城郊短途运输客车，在道路条件容许时，应选用速度较低和载客量较大的大型通道车；对旅客比较少的边远山区，可配一些小型客车；对农村短途运输用客车，可适当改装车身，增加站位及方便旅客携带物品。

（2）根据客流量的大小选用

为满足客流流动的基本需求，当线路常年运输旺季的平均日客流量超过500人次，且较集中时，宜选用大型客车，反之，若比较分散则宜选用中型客车；线路日客流量为200～500人次，且比较集中时，宜选用中型客车，如果客流量分散，可视情况选用中型或小型客车；线路日客流量在200人次以下时，视客流集、散程度，可选用中型或小型客车。

（3）根据公路的条件选用

对等级较高、客流量大的干线公路，一般可配备大型或中型客车；对等级较低的干线或支线公路，可根据客流量大小选用中型或小型客车；对经济条件较差和客流量较少的边远山区、林区和牧区，宜选小型客车；对道路条件好、客流量大的短途班车，则应选用大型客车。

（4）根据舒适性需求选用

对于乘车旅游和长途旅行旅客的客车以及生活水平较高地区所用的客车，因对舒适性要求较高，可选用高档客车；但一般短途旅客对舒适性要求较低，可选用中、低档客车。

（5）根据运输成本选用

选用车型时，一般倾向于选用运输成本较低，年利润较高，投资回收期较短的客车。但须指出的是，选用车型往往要在综合分析客流构成的基础上确定所选客车的档次，从而满足不同层次旅客的出行需求，更好地吸引客流以提高经济效益。

（三）公路汽车客运站

公路汽车客运站（简称车站）是公益性交通基础设施，是公路旅客运输网络的节点，是公路运输经营者与旅客进行运输交易活动的场所，是为旅客和运输经营者提供站务服务的场所，是培育和发展道路运输市场的载体。公路汽车客运站在旅客运输工作中占有重要地位，担负着组织生产、为旅客服务、管理线路和传输信息等方面的任务。

1. 车站的功能

公路汽车客运站集运输组织与管理、中转换乘、多式联运、通信、信息收集与传输、综合服务与公路运输市场管理于一体，把无形的旅客运输市场变为有形的市场，把车主、旅客和运输管理部门的利益有效地结合起来，促使公路旅客运输健康而有序地发展。

公路汽车客运站最主要的功能是运输组织管理，其内涵包括以下几个方面：

①客运生产组织与管理包括发售客票、办理行包托取、候车服务、问询、小件寄存、广播通信、检验车票等为组织旅客上下车而提供的各种服务与管理；为参营车辆安排运营班次、制订发车时刻、提供维修服务与管理；为驾乘人员提供食宿服务等。

②客流组织与管理客运站通过生产组织与管理，收集客流信息和客流变化规律资料，根据旅客流量、流向、类别等，合理安排营运线路，开辟新的班线与班次，以良好的服务吸引客源。

③运行组织与管理包括办理参营客车到发手续，组织客车按班次时刻表准点正班发车，利用通信手段掌握营运线路的通阻情况，向驾乘人员提供线路通阻信息，发现问题及时与有关方面联系，并采取必要的措施，会同有关部门处理行车事故，组织救援，疏散旅客等。

④参与管理客运市场认真贯彻执行交通运输部颁发的《道路旅客运输及客运站管理规定》，建立健全岗位责任制，实行营运工作标准化，提高旅客运输质量自觉维护客运秩序，并协助运管部门加强对客运市场的统一管理。

2. 车站的分类

根据交通运输部《汽车客运站级别划分和建设要求》（JT/T 200－2004），可将公路汽车客运站大致按以下三种方法分类。

（1）按车站规模划分

按车站规模划分可分为等级站、简易车站和招呼站。

①等级站是指具有一定规模，可按规定分级的车站。

②简易车站是指以停车场为依托，具有集散旅客、售票和停发客运班车功能的车站。

③招呼站是指在公路沿线（客运班线）设立的旅客上下点。

（2）按车站位置和特点划分

按车站位置和特点划分可分为枢纽站、口岸站、停靠站和港湾站。

①枢纽站可为两种及两种以上的运输方式提供旅客运输服务，且旅客在站内能实现自由换乘的车站。

②口岸站是指位于边境口岸城镇的车站。

③停靠站是为方便城市旅客乘车，在市（城）区设立的具有候车设施和停车位，用于长途客运班车停靠、上下旅客的车站。

④港湾站是指道路旁具有候车标志、辅道和停车位的旅客上下点。

（3）按车站服务方式划分

按车站服务方式划分可分为公用型车站和自用型车站。

①公用型车站一般是由国家投资或所在地交通管理部门筹助资金兴建的。它具有独立法人地位，自主经营，独立核算，是全方位为客运经营者和旅客提供站务服务的车站。

②自用型车站隶属于运输企业，主要为自有客车和与本企业有运输协议的经营者提供站务服务的车站。

3. 车站站址选择

公路汽车客运站站址应纳入城镇总体规划，合理布局，并应符合下列原则：

①便于旅客集散和换乘，吸引和诱发众多客流，尽可能地节省旅客出行时间和费用，有利于公路客运与其他现代客运方式之间的竞争。

②与公路、城市道路、城市公交系统和其他运输方式的站场衔接良好，确保车辆流向合理，出入方便。

③具备必要的工程、地质条件，方便与城市的公用工程网系（如道路网、电力网、给排水网、排污网、通信网等）的连接。

④具备足够的场地，能满足车站建设需要，并有发展余地。

随着综合运输的发展，汽车客运站的选址越来越重视与其他运输方式及城市公共交通的衔接。国外有些城市客运站与铁路、地铁、城市公交一起建成立体的综合换乘枢纽。

4. 公路汽车客运站级别划分

在《汽车客运站级别划分和建设要求》（JT/T 200－2004）中，根据车站设施和设备配置情况、地理位置和设计年度平均日旅客发送量（以下简称日发量）等因素，将车站等级划分为五个级别以及简易车站和招呼站。

等级客运站（三级、四级、五级）基本规模要求车站占地面积至少 $500m^2$/百人次，按照客运站日发量计算及车站占地面积不小于 $2000m^2$。依据《汽车客运站级别划分和建设要求》（JT/T 200－2004）对各级车站设施配置、设备配置都有相应要求（表4-1），等级客运站（三级、四级、五级）必备设备包括候车设施、卫生设施、站房及驾乘人员休息设施、停车及发车设施等，根据需要可配设一定的商业设施、车辆检修及清洗设施。

（1）一级车站

设施和设备符合表4-1中一级车站所必备的各项，且具备下列条件之一：

①日发量在1万人次以上的车站。

②省、自治区、直辖市及其所辖市、自治州（盟）人民政府和地区行政公署所在地，如无1万人次以上的车站，可选取日发量在5000人次以上具有代表性的一个车站。

③位于国家级旅游区或一类边境口岸，日发量在3000人次以上的车站。

（2）二级车站

设施和设备符合表4-1中二级车站所必备的各项，且具备下列条件之一：

①日发量在5000人次以上，不足1万人次的车站。

②县以上或相当于县人民政府所在地，如无5000人次以上的车站，可选取日发量在3000人次以上具有代表性的一个车站。

③位于省级旅游区或二类边境口岸，日发量在2000人次以上的车站。

（3）三级车站

设施和设备符合表4-1中三级车站所必备的各项，日发量在2000人次以上，不足5000人次的车站。

表4-1　　　　　　　　公路汽车客运站设施配置

设站名称		一级站	二级站	三级站	四级站	五级站
场站设施	站前广场	●	●	★	★	★
	停车场	●	●	●	●	●
	发车位	●	●	●	●	★

续表

设站名称			一级站	二级站	三级站	四级站	五级站
建筑设施	站房	站务用房					
		候车厅（室）	●	●	●	●	●
		重点旅客候车室（区）	●	●	★	—	●
		售票厅	●	●	★	★	★
		行包托运厅（处）	●	●	★	—	—
		综合服务处	●	●	★	★	—
		站务员室	●	●	●	●	●
		驾乘休息室	●	●	●	●	●
		调度室	●	●	●	★	—
		治安室	●	●	★	—	—
		广播室	●	●	★	—	—
		医疗救护室	★	★	★	★	★
		无障碍通道	●	●	●	●	●
		残疾人服务设施	●	●	●	●	●
		饮水室	●	★	★	★	★
		盥洗室和旅客厕所	●	●	●	●	●
		智能化系统用房	●	★	★	—	—
	辅助用房	办公用房	●	●	●	★	—
		生产辅助用房					
		汽车安全检验台	●	●	—	—	●
		汽车尾气测试室	★	★	—	—	—
		车辆清洁、清洗台	●	●	★	—	—
		汽车维修车间	★	★	—	—	—
		材料间	★	★	—	—	—
		配电室	●	●	—	—	—
		锅炉房	★	★	—	—	—
		门卫、传达室	★	★	★	★	★
		生活辅助用房					
		驾乘公寓	★	★	★	★	★
		餐厅	★	★	★	★	★
		商店	★	★	★	★	★

续表

设站名称		一级站	二级站	三级站	四级站	五级站
基本设施	旅客购票设备	●	●	★	★	★
	候车休息设备	●	●	●	●	●
	行包安全检查设备	●	★	★	—	—
	汽车尾气排放测试设备	★	★	●	—	—
	安全消防设备	●	●	●	●	●
	清洁清洗设备	●	●	★	—	—
	广播通信设备	●	●	★	—	—
	行包搬运与便民设备	●	●	★	—	—
	采暖或制冷设备	●	★	★	★	★
	宣传告示设备	●	●	●	★	★
智能系统设施	微机售票系统设备	●	●	★	★	★
	生产管理系统设备	●	★	★	—	—
	监控设备	●	★	★	—	—
	电子显示设备	●	●	★	—	—

注:"●"为必备;"★"为视情况设置;"—"为不设。

(4) 四级车站

设施和设备符合表4—1中四级车站所必备的各项,日发量在300人次以上,不足2000人次的车站。

(5) 五级车站

设施和设备符合表4—1中五级车站所必备的各项,日发量在300人次以下的车站。

(6) 简易车站

达不到五级车站要求或以停车场为依托,具有集散旅客、停发客运班车功能的车站。

(7) 招呼站

达不到五级车站要求,具有明显的等候标志和候车设施的车站。

二、城际旅客运班计划

城际旅客运班计划主要落实两项内容：一是运班的确定；二是运班班次的安排。运班计划不但是车站为旅客提供旅行安排的依据，也是车站完成旅客运输任务和企业客运生产计划的一项重要的基础性工作。客运班车的运行依据运班计划加以具体组织。班次安排的好，既可使旅客来去方便，省时、省钱，又使客车不至于超载和空驶，获得最高的运行效率，保证生产计划的完成。

（1）运班：客运工具在特定时间由始发站按照客运线路经过经停站至终点站作运输运行。

（2）运班要素：主要包括运行（行驶、航行、飞行）线路、出发时间、到达时间、起讫站点和途中经停站及经停时间等。

（3）班次：指在单位时间内（通常以一天或一个星期为单位）运行的运班数（包括去程和回程）。

（一）客运运班计划编制的原则

编制运班计划，必须进行深入的客流调查。在掌握各线路、各区段客流量、流向、流时及其变化规律的基础上统筹安排，具体地说应考虑以下因素。

①根据旅客流向及其变化规律，确定班次的起讫点和中途经停站，并兼顾始发站和中途站旅客的需要。运班的布局和班次、班期要保证必要的接续，以满足旅客换乘的需要。

②根据平均客流量的大小确定班次的频率。班次的频率必须考虑运输通道的能力及运力约束。节假日客流量增加较大时可增加加班班次或组织包车服务等。

③班期（即运班执行日期）的安排要适应客流季节、节假日波动的需要，尽量减少临时加开、取消班期，以保证旅客出行、运输组织的计划性。

④开辟直达运班客流条件的应尽可能安排直达运班，最好不要中途截断分成几个区间运班，以减少旅客不必要的中转换乘。

⑤在确定运班时，首先安排直达运班，再考虑经停运班，并将两者的总供给与客流的总需求协调起来，保证运输需求的全面满足。

⑥载运工具类型，必须根据旅客运输的需要、停靠站的条件、运距长短、经济效益等因素确定。

⑦在确定班次之间的间隔时，除了考虑需求方面的因素外，同时必须考虑车辆的周转与合理使用。

⑧运班计划的综合平衡：运班计划的编制必须综合平衡运输需求与运能运力，才能保证既适应客运需要，又尽可能高效利用运能运力，特别是在运能运力不能充分满足运输需求的情况下，运班的安排更应从全局出发，合理布局。运班计划的综合平衡通常包括运力使用的平衡、运输通道运能使用的平衡以及客运站工作量的平衡。

(二) 客运班次计划的编制方法

客运班次主要包括行车线路、发车时间、起讫站名、途经站及停靠站等。

安排客运班次，必须在深入进行客流调查，在掌握各线、各区段、区间旅客流量、流向、流时及其变化规律的基础上研究确定，在此介绍一种常用的编制方法。具体步骤如下：

①对客运线路所有站点进行客源调查，并对调查资料进行全面整理和分析，旧线可进行日常统计，新辟线路调查资料要进行核对、整理，确保全面正确。根据核实的调查资料，编制"沿线各站日均发送旅客人数表"。

②根据"各站日均发送旅客人数表"编制"旅客运量计划综合表"，绘出"客流密度图"。

③编制"客运班次计划表"。

④进行运力运量平衡测算，编制"客班运行时刻简表"。

⑤编制"客车运行周期表"。

(三) 客车运行作业计划编制

客车运行作业计划，是将客运生产任务具体落实到单车的日历计划。由于公路旅客运输以班车为主要营运方式，其班期班次固定，而且必须保证正点开行，所以客车运行作业计划一般按月度编制。

客车运行作业计划表是单车运行作业计划的总表，编制客车运行作业计划表，首先要确定客车运行方式。客车运行的方式主要有：大循环、小循环与定车定线三种形式。

(1) 大循环运行：是指将全部计划编号统一编成一个周期，全部车辆按确定的顺序循环始终的运行方式。这种循环方式适用于各条线路道路条件相近、车型基本相同的情况。其优点是每辆客车的任务安排基本相同，车日行程接近，驾驶员的工作量比较平均；缺点是循环周期长，驾乘人员频繁更换运行线路，不利于掌握客流及道路变化等情况，影响客运服务效果，而且一旦某局部计划被打乱，会影响整个计划的进行。

(2) 小循环运行：是把全部计划编号分成几个循环周期，将车辆分为几个小组分别循环。小循环运行方式与大循环运行方式在做法上大致是相同的，只是循环运行区内的路线较少，循环期较短。其优点是可以选择几条开行同类班车的营运路线组成一个循环，从而简化了车型安排和车辆运行调度工作。

(3) 定车定线运行：是指将某一车型客车相对稳定地安排在某一条营运线路上运行的方式，一般在营运区域内道路条件复杂或拥有较多车型时采用。采取长途、短途套班办法时，客车可以相对固定地在两条营运路线上运行。定车定线运行方式的优点是有利于驾乘人员熟悉路况及行车环境，对行车安全有利。缺点是由于各条线路营运长度不同，因而车与车之间的工作时间不易平衡，完成的运输工作量也会有多有少，进而造成驾乘人员劳动强度高低不一，并影响车辆运用效率。

不论采取何种运行方式，客车运行作业计划的编制都应以二级维护日期的先后次序为基准，把各车的保修日期排成梯形表，而不宜按车号顺序编排。交通运输部规定营运车辆二级维护每三个月必须维护一次。梯形表排好后，先安排上月底在外地夜宿车辆的回程任务，这时必定有一部分车辆不能从月度开始时即按新定任务安排，需做适当调整。计划编好后，经复核无误后，方可据此编制月度客车运行效率计划综合表。

（四）客车运行作业计划的调整

调度部门在编制下达运行计划后，还要负责监督运行作业计划的执行情况，发现车辆运行中断或故障，应及时采取措施加以消除，以保证运行作业计划的完整实现。同时，要定期填制运行作业计划执行情况检查表，及时进行总结，针对存在的问题，提出改正意见。

①在发车前，当出现车辆不能按时就位（如车辆故障，交通事故，证、照、卡不全或失效，驾驶员生病）的情况时，应及时调整并调派车辆顶班。

②在运行途中，当出现车辆不能正常运行（如车辆故障，交通事故）的情况时，应及时调派车辆前往接驳。如接驳地点较远，可根据约定或协议委托就近站点派车接驳。

③如遇道路坍塌、冰雪等造成原线路受阻时，应根据实际情况，在得到运政管理部门批准的前提下，可采取绕道行驶、旅客接驳、停班等方法处理，及时对运行调度计划进行调整。

三、城乡公共客运组织

（一）城乡公共客运的概念

城乡公共客运是农村客运的主要方式。广义上泛指联系城市与农村地区的公共客运交通。狭义上，城乡公交定义为城区（或中心镇）与乡镇（或村）间的公共客运交通方式，依托城市道路与区域公路布设固定线路并统一编号，设置沿途停靠站点与首末停车场，采用公交车型并借鉴城市公交的运营管理方式。

城乡公共客运是在城乡一体化发展趋势下对中巴车运行的公交化改造。它是连接城区（或中心镇）与乡镇（或村）的纽带。城区指市域或县域的行政中心，为区域的中心城市，城区与镇之间的线路一般为干线公交；中心镇为片区范围内的重点镇，片区中心镇至行政村或者行政村与行政村之间的线路为支线公交。

城乡公共客运经历了小山卡、中巴车、公交车运营三个阶段。小山卡即农用车辆，挂着农用车牌照但安装上载客座位的"农用面包车"，中巴车即中小型客车。农村客运市场培育初期多使用城市公交淘汰的、技术状况较差的客车，随着农村公路规模扩大、通达深度提高，多使用25座左右的中型公交车。城乡公交以个体经营为主，通常是热线争抢客源、冷线无人经营；招手即停，无固定站点，即使有站也是小站、临时站。

城乡公共客运一般有以下两种运输方式特征：

(1) 按照传统班线性质运行的城乡线路。按照传统班线性质运行的城乡线路，也是大多农村地区采用的形式。具有如下特征：①线路的站点除设置起点与终点外，沿途停靠站较少；②线路发车频率不定，一般等到客满发车；③车型选取不够统一，荷载人数按座位统计；④由于须缴纳公路规费，线路票价普遍较高，且线路长度不同票价不同。

(2) 按照城市公共交通方式运行的城乡线路。按照城市公共交通方式运行的城乡线路，如江浙地区普遍采用的形式，通常被称为城乡公交。具有如下特征：①线路统一编号；②有相应的首末站、固定停靠点及相应的配套设施；③固定公交发车时间与频率，不以客流要求变化而改变；④车型必须符合相应的技术标准；⑤统一公交票价。

城乡公交主要来源于两种形式：一种是城市公交向农村延伸发展，在一些大城市也叫郊区线路；另一种是对短途客运班线的公交化改造。

(二) 城乡公共客运线网布局结构

1. 线路分级

农村居民乘坐城乡公共客运的客流强度与地域分布有关，城乡公共客运线网规划的目的就是要尽可能地将大多数乘客从其出发地运送到目的地。因此，线网规划要根据不同区域内的居民出行需求（如客运量强度、出行高峰时段分布等方面）差异，提供分级线网、服务。

在进行城乡公共客运线网规划时，根据各级线路的功能不同可以将线路划分为主干线、支线和补充联络线三个等级。三层线路的功能如下：

(1) 主干线：主要承担大型集散点之间的联系（以县城—乡镇线路最为常见），大多沿县域内的国、省、县道设置；行车速度快，发车频率高，服务水平较好。

（2）支线：对主干线网起补充作用，与主干线路要有较好的换乘，起到接驳主干线路客流的作用，多为乡镇—村线路，深入各行政村。

（3）补充联络线：填补各乡镇之间的线路空白，能加强乡镇之间、乡镇与村的联系，提高客运线网覆盖率。

以上三层城乡公共客运线路互相补充、互成体系，共同构成科学、合理、完整的一体化客运线网。

2. 布局结构

城乡公共客运线网布局结构是线网布设的核心内容之一，它决定了线网的发展方向。

根据线网布局原理，城乡公共客运线网主要有放射状线网、树状线网、环状线网、网状线网4种布局结构。

（1）放射状线网

放射状线网是农村地区极常见的一种布线形式，空间上呈现以城区为中心，沿着城区对外公路向外发散放射出客运线路。线路大多截止到乡镇，部分线路在乡镇末端延伸至某个乡村。

（2）树状线网

树状线网是对放射式线网的进一步完善，树状线网的次级节点，如重点镇对周围村庄具有一定的出行吸引，能够支持镇村级线路的开通。而农村公路的建设也为线路开通提供了条件。

树状线网一般联系主城区与重点中心镇，具有高强度公共客运联系，强度往往由主城区、中心镇往下递减。

（3）环状线网

环状线网主要是利用公路网布局特点架构的一种特殊的布局形式。环状线网在树状主干的基础上，在支线端采取了连通成环的形式。城乡公共客运支线采用这一方式，往往会有较好的成效。

树状线网中存在很多的短途线路，环状线路是相对树状线路的一种优化。在许多地区实际运营中，有较大一部分树状支线面临营运困境，通过支线与支线、干线采取环状等形式，通过多点的规模效益支撑线路正常运营，可以降低线路运营维持难度。另外，线路以环线互通，对村庄以站点式服务，支线数目和通村率进一步维持和提高，为村村通达到较高水平奠定基础。

环状线网一般可以考虑在镇（城）—镇、镇（村）—村间的客运线路，有一般或较高强度的公共客运联系，起到均衡整个网络客流分布的作用。

（4）网状线网

网状线网是前面几种线网布局形式的复合，并进一步完善和优化，如城市公交线网就多呈现这种形态。网状线网节点连通度较高、网络通达性好、运输效率高，但网状线网要求发展线路数量多且投资大，对路网建设要求高，需要公路同样成网络，且覆盖地区站点居民聚集度较高，社会经济发展水平需要达到一定程度以支持线网的规模运营效益。

网状线网一般出现在快速城市化地区，乡镇经济、村域经济大力发展，镇镇之间、镇村之间形成产业互补，公路网建设较为完善，相互交通出行形成规模。

城乡公共客运四种线网布局结构特点、使用范围、缺点、公交线路强度分析总结如表4-2所示。

表4-2　　　　　　　城乡公共客运线网布局结构表

线网布局结构	特点及适用范围	缺点	公交线路强度分析
放射状	用于中心城市与外围郊区、周围城镇间的交通联系，有利于促进中心城市对周围地区的辐射，方便乘客进城，减少进城换乘次数，而其便于车辆的调度与停车管理，与大多数城市的放射性OD客流分布相适应	线网整体连通度低，横向乡镇间联系不便，容易把换乘客流吸引到城区，增加城区枢纽交通组织的压力	主城区—重点中心镇之间及其延伸线路有高强度公交联系

103

续表

线网布局结构	特点及适用范围	缺点	公交线路强度分析
树状	适应城镇体系中的中心城区、中心镇、一般镇、村四级等级体系分布以及道路网络结构而形成公交线网，提高城区与中心镇的辐射能力，有利于形成分区分级的网络以及分区的客流集散组织，城区和中心镇可以形成高频、快速的发车运营服务	换乘系数偏高，若衔接系统效率低会造成村民进区时间（换乘等候）与经济成本（换乘买票）增加，中心镇需要建设客运站作为集散中心	主城区一重点中心镇之间有高强度公交联系，强度往往由主城区、中心镇往下递减
环状	用于镇—镇、镇—城间的横向联系，可以减轻中心镇处换乘压力，而且这种布局结构具有通达性好、非直线系数小，加强横向立通联系，提高覆盖率的特点	建设线路数量多、投资大，对路网建设要求高，绕行时间大	镇—镇、镇—城区间有较高强度公交联系，均衡整个网络客流分布
网状	重要城镇间的直达交通联系，通达性好，运输效率高，促进形成网络化线网结构	建设线路数量多、投资大，对路网建设要求高	重要镇之间有高强度公交联系

四、城乡公共客车运行组织

(一) 城乡公共客运线路经营组织

城乡客流的时空分布特征直接决定城乡公共客运线路的组织方式。线路组织需要基于农村客流动态性特点，在线网空间布局的基础上，确定运营方式、线路形成组织方式；结合行车组织模式优化线路发车频率，确定主干线路、支线配车数。由于农村地区乡镇分片聚集特征，地域差异性可以采取分片区运行组织方式，并融合片区、统筹区域城乡公共客运线路运行组织实现区域整合。

1. 分片区组织

一条或多条同向城乡主干线路与其相应的衍生支线在空间上形成一个片区，片区线路组织根据线网层次、功能及实际地域的特点，有单线片区、多线片区两种组织形式。

分片区组织的特点如下：①空间上，采用按线定位和划片区组织相结合，即以城区到乡镇的主干线定位片区，乡镇到村及村与村之间形成多点放射形或区域内环形线网结构，使得镇—村、村—村线路与主干线形成一个整体；②时间上，根据不同线路的客流特征采用不同的发车时刻表，兼顾冷、热线路，设置夜宿班线和高峰加密线路；③服务类型上，体现农村居民出行特征，设置赶集线、旅游线、特殊服务专线等。

具体从线路的空间定位、运营方式以及干支线行车组织三个层面分析分片区行车组织形式。

（1）单线片区组织形式

干支线组合的单线片区由一条城乡主干线与其辐射支线组成，通常干线为城区通往中心镇线路，支线为辐射一般乡镇以及镇村线路。单线片区的形成受城镇空间布局的影响以及路网条件制约，我国城乡联系主要依靠单通道式国省干线公路，城乡公共客运线网也多为单线辐射片区形式。

①干线组织。基于道路和客流条件，城乡主干线采用公交化运营方式，采用符合公交车辆技术标准的车型，根据客流量和发车频率选择适宜车长及其他构造形式。通至村庄的支线网络可根据实际情况采用公交或班线方式运营，偏远地区或路况较差的地区可采用定时班线运营（如早中晚"三班制"），采用符合技术标准的小型客车，提高灵活应变性。

②支线组织。镇—村支线根据客流时间分布的差异性，采用"V"形或"O"形行车组织。即对两条或多条支线进行整合，一般是乡镇内相邻村之间连接线路，车辆在整合后的线路上双向行车，从不同位置不同时段将不同村庄的客流联系起来，并与城乡主干线端点联系，实现多条线路客流的集散与换乘。

"V"形支线行车需要与干线行车联动，形成"Y"形行车组织方式，实现三线集散。

"O"形行车同样需要加强与主干线的联系，环内行车可以选取几个发车点（如两个），闭合双向发车。"O"形行车存在部分"V"形特点，设置的主要目的在于克服偏远地区支线运行的可持续问题，通过多条支线组织及主干线的带动作用，提高车辆运输效率。

对于起点相同，路径大部分一致的线路，多为城区往同一乡镇，在乡镇某一客流集散点疏散至相邻村的两条线路，高峰期可以采取干支线"Y"形或"O"形行车组织方式，乡镇客流集散点设置换乘枢纽实现支线与主干线的换乘。

单线片区的支线组织主要是利用不同村庄居民出行规律的不一致性来保证支线客流的稳定性，它需要与干线协调，统筹考虑线路的行车方式和运力调配。这种方式有利于克服村村通线路经营效益低下以致难以维持的现状，一定程度上保障农村居民乘车的稳定性。

（2）多线片区组织形式

多线片区组织形式为多条相关城乡主干线及其支线形成的片区组织，多为起点不同但通往同一乡镇的主干线及支线之间的协调。多线片区组织形式是在单线片区组织的基础上相互融合，进一步加强线路之间的协调分工和运力调配，适合城乡公共客运网络较为发达、道路网络和基础设施较为良好的地区采用。线路运营方式与单线片区组织类似，以客流状况和道路条件为主要依据，良好条件下可采用公交化运营方式，支线网络根据实际情况采用公交或班线方式运营。受路网条件限制，相邻干线之间通常呈现"Y"形或"O"形布局。具体分析如下。

①干线组织。

"Y"形存在复线部分，可以采用"高峰分线，低峰并车"的方式，即客流高峰时线路各自运行，低峰运力过剩时两条线路可在"Y"节点处并车运行。

"O"形多为两条干线或连同部分支线合拼形成，可以将其整合为类似环形线路运行。

"O"形组织主要是为了协调两条干线不同的客流时间分布而采用的一种方式，由于存在两个汇合点，比较容易进行两条线路之间的运力调配，也有利于对支线客流的带动。

②支线组织。

多线片区的支线行车方式与单线组织基本一致，不同的是片区内支线数目较多且更为复杂，需要根据实际情况综合比较，选取适宜的组织形式。

多线片区干线的两种组织方式可与单线片区中的支线组织方式整合为"双Y"形和"8"字形等线路组织形式。

"双Y"形组织方式将干线"Y"形组织与支线"V"形组织方式相结合，将两条线路构成一个整体，综合采用分段发车频率、低峰并车、干支线三线集散以及线路间运力调配等手段，有利于提高车辆满载率和干线服务强度，克服线路较长带来的运力调配困难的问题。

"8"字形组织方式将干线"O"形和支线"O"形组织相结合，充分发挥环形线路的特点和作用，利用多个汇合点，进行线路行车组织与运力调配优化。"8"字形线路利用不同地域村庄聚集度和出行时间的差异性，将片区内部紧密联系起来，有利于克服城乡客流的波动性，加强相邻镇村间的联系和片区的融合。对于经济开发区职工上下班高峰潮汐性较为明显的情况，可以采取该类组织方式。

2. 区域整合形式

区域整合形式是把城乡公共客运线网归并为一个整体，并纳入到城市公交网络中，和城区公交一起，实现统一运营管理。从线路组织上来讲，是一种融合片区、统筹区域范围内城市公交线网和城乡公共客运线网的组织形式。区域整合下城乡公共客运线网不仅是单纯的片区组织，片区间界限逐渐被淡化，实现大区域范围的资源整合。线路在片区组织的基础上，更加体现区域范围的合理调度和优化，体现城区和城乡公交线路统筹，在城乡公共客运线网整体组织的基础上，考虑城乡公共客运线网与城市公交网络的衔接，协调各方利益，保证一定的公正性。从某种程度上说，在集约化经营和基础设施完善的前提下，这种形式较好地体现了城乡公共客运统筹发展。

（二）城乡公共客运班车运行组织

1. 运力配备

城乡公共客运运力配备内容包括确定干线配车数，结合线路运行组织形式，灵活配备支线运力。采用多线联运方式，整合优化片区运力。

（1）干线运力配备

城乡公共客运主干线运营方式与城市公交类似（有些地区的城乡公共客运主干线已实施了公交化改造），可以借鉴城市公交配车方法进行干线配车，并对基本测算公式进行运送能力、发车频率修正。

（2）发班模式

①连续发班模式。连续发班模式，即每隔一段固定的单位时间发送一趟班车，其发班间隔并不是一成不变的，在高峰期、平峰期、低谷期发车间隔不同。流水发班模式属于连续发班模式的特殊情况，即其发班间隔保持一定较小值不变，适用于客运量较大、线路里程较短的班线。

②间断发班模式。间断发班模式即发班间隔较大，在固定的几个时间点发班，一般在早中晚三个固定时间点发车。间断发班特点是班次间隔较大，发班次数少。适用于客运量较小、线路里程较长的班线。

③混合发班模式。混合发班模式，即其发班频率介于连续发班和间断发班。混合发班的特点是班次间隔较大，发班次数也较多。适用于客运量较大、线路里程较长的班线。

2. 城乡公共客运班线运营线路发车模式选择

（1）对于片区内部线路，即二级线网的支线配车，应当与线路运营方式相适应。即公交化运营线路可按照干线配车方法进行配车，连续发班，区分高峰时段、平峰时段、低谷时段发车间隔；班线运营线路中，客流量较大线路可采取连续发班，客流量较小线路可采取混合发班模式。

（2）对于每日仅开几趟班车，体现社会公益性的支线班车可以根据所在片区干线的客流服务时间差，灵活调用主干线路的运输车辆，即采取间断发班或混合发班模式，做到资源的充分、高效利用，避免重复投入造成浪费。

（3）对于道路条件不太理想、距离较偏远的行政村支线线路，应当根据运量需求和客流特征进行动态的运力配备,在框定局部运力的基础上采用符合技术标准的小客车(6~9座)进行营运,可根据当地群众出行需要,核定线路,适当固定班次固定发车时间(如早中晚"三班制"方式),或与其他支线开展联合行车组织,以解决偏僻村庄、山区群众的出行。

第二节　城市公交客运组织

一、城市公共交通概述

(一)城市公共交通的类型及服务特征

1. 城市公共交通的类型

城市公共交通(Urban Public Transit)是城市中供公众使用的经济、方便的各种客运交通方式的总称。狭义的公共交通是指在规定的线路上,按固定的时刻表,以公开的费率为城市公众提供短途客运服务的系统。在国内,公共交通系统中,出租车在客运交通中扮演了多重角色(服务对象具有公众性、行驶路线却是自由的)。常规地面公共交通是最常见、使用最广泛的公共交通服务形式,是大部分城市公共交通的主体,是大城市和特大城市公共交通系统的基础。

2. 城市公共交通的服务特征

城市公共交通以人为服务对象,其服务特征主要体现在以下几个方面:

(1)城市公共交通为公众提供大众化、共享的出行方式。这是城市公共交通存在和发展的首要目的。城市公共交通应具有足够吸引力的客运服务能力及服务水平,促使尽可能多的居民选择这种共享的大众化的出行方式,并为其提供良好的服务。

(2)城市公共交通是受多种因素影响的复杂系统。城市人口数量和密度、工作岗位数量和分布、城市用地性质和形态以及社会经济发展状况等都会对城市公共交通产生直接或间接的影响。

(3)城市公共交通属于准公共产品,具有一定的社会公益性。衡量城市公共交通经营水平的标准，首先是对公众出行的安全、方便、及时、经济、舒适等要求的满足程度，其次是企业的经济效益。为实现社会公益性目标，政府通常对城市公共交通服务实行价格管制。公交企业由于低票价、减免票形成的政策性亏损，由财政部门审核后给予合理补贴。

(4) 城市公共交通大都采用定线、定站式的运营方式，即行车班次和行车时刻表完全按调度计划执行。这有利于城市公共交通进行良好的营运组织和利用先进信息技术提高服务的可靠性。

(二) 城市公共交通客运线路及线网

1. 客运线路及线网的类型及特征

(1) 客运线路组织的原则

客运线路组织的基本原则是：

①线路的走向和服务区内主要客流方向相符合，并按照最短距离布置客运线路，尽量组织直达运输。

②线路的线形应尽量使车辆平均载客量利用程度较好。

③沿居民分布密度最大的区域布置线路。

④客运线路应连通城市边缘与市中心，并尽量与其他运输方式相互衔接或交叉。

(2) 客运线路类型及特点

城市公共交通客运线路是城市公共交通运行的基础。按照平面形状和相对位置，主要有直径式、辐射式、绕行式、环形式、切线式以及辅助式几种基本类型。

①直径式线路：以通过城市中心连接城市边缘为特征。

②辐射式线路：以沟通城市中心和城市边缘为特征。

③绕行式线路：以绕过城市中心区连接城市边缘为特征。

④环形式线路：以绕行城市中心区外缘，连接城市中心区以外主要客流点为特征。

⑤切线式线路：以与环形式线路相切，连接城市边缘而不通过城市中心为特征。

⑥辅助式线路：以担负主要交通干线之间交通联系或客流较小区域与交通干线之间交通联系为特征。

2. 客运线网类型及特点

城市公共交通客运线网是指由各种公交客运线路和站场设施组成的网络系统。城市公交客运线网规定着公共交通营运范围，决定着网点分布和相互之间的衔接交叉。其布局的合理与否直接关系到乘客和公交企业的效益，是衡量一个城市功能健全与否的重要标志。

城市公共交通线网的形成受城市规划、城市布局、道路网形状、客运交通方式结构、客流在时空上的分布特征等多种因素的影响和制约，主要有网格形、放射形、环形放射形、混合型等多种形式。

①网格形，也称棋盘形。由若干条相互平行排列的线路与另外若干条具有相同特点的线路大致相交成直角形成的。其优点是：乘客换乘次数少；通行能力较强；当客流集中时易于组织平行线路上的复线运输。缺点是：非直线系数大；换乘面积大；线网密度过大时易造成交通堵塞。

②放射形，也称辐射形。指大部分线路的一端汇集于市中心，另一端分别延伸至城市四周，与市郊、市区边缘客流集散点相连。放射形线网常出现在一些小城市。其优点是：方向可达性高，可为任何地区居民组织方便的公交服务；边远地区居民不须换车即可到达市中心。缺点是：给改建后的城市出现新的商业文化中心的交通带来了多次换乘的困难；要求市中心有足够的土地用于停车和回车；组织客运联系不方便，通行能力低。

③环形放射形：这是一种由城市中心向四周引出放射线，再由若干围绕市中心的环形线与放射线外缘连接起来的线网。常出现在大、中型城市。其优点是：市中心与各区以及各区之间联系方便、直接；非直线系数小。缺点是：易造成市中心压力过重；其交通的机动性较网格形差。

④混合型：是指根据城市的具体条件，由以上多种典型线形构成的综合性线网。

（三）常规公交停车站设置

停车站是乘客上下车的地点，其设施是否合理，不仅影响客运车辆的行驶速度、乘客步行时间与道路通行能力，而且直接影响乘客吸引量的大小。因此，停车站设置问题，是城市客运网点配置的一个重要方面。

公交停车站根据服务对象与服务功能，可分为中间站、一般终点站、服务性终点站、枢纽站、总站和停车场、维修保养车以及培训场地和附属生活设施。实际上，停车站往往同时具备多个功能而形成综合场站。

1. 中间站的设置

设置中间站主要应解决好站距与站址的选定问题。

（1）站距的确定

站距的确定，通常指平均站距的确定。确定站距，主要考虑乘客的整体利益需要，即站距的大小应满足车上乘客乘行时间与车下乘客步行时间都最少的要求。一般而言，较长的车站间距可提高公交车的平均运营速度，并减少乘客因停车造成的不适，但乘客从出行起点（终点）到上（下）站的步行距离增大，并给换乘出行带来不便；站间距缩短则反之。最优站间距规划的目标是使所有乘客的"门—门"出行时间最小。

（2）站址的确定

中间停车站，按其利用情况，可分为固定站、临时站和招呼站。固定站，指车辆在每单程运输过程中都必须按时停车的停车站；临时站，指一天中的固定时刻或一年中的某个固定季节需停车的停车站；招呼站，指在线路上有乘客招呼上、下车时才停车的停车站。

具体确定站址时，应注意考虑以下几个因素综合确定：

①考虑停车站类型。一般情况下固定车站应该设在一天中往返乘客较多、乘客经常交替的地方；临时站应设在一天中某些时刻或一年中某个季节乘客交替较多的地方；招呼站，宜较长距离之间或沿线乘客不多但周期性客流发生的地方。

②便于乘客乘车、换车。因而应设在乘客较集中的地点和交叉路口附近，如在同一地点有不同线路或不同运输方式车辆设站时，应尽量设在相邻处，以便乘客乘车。

③便于车辆起动和加速。应尽量避免设在上坡处。

④设在交叉路口附近时，一般尽量设在路口前，以减少红绿灯的影响，减少速度损失。有时，在多数乘客下车要经过路口时，为了过路乘客方便与安全，可以酌情把停车站设在交叉路口之后。

2. 公交起、终点站

公交车辆起、终点站的主要功能是为线路上的公交车辆在开始和结束营运、等候调度以及下班后提供合理的停放场地的必要场所。它既是公交站点的一部分，也可以兼顾车辆停放和小规模保养的用途。对公交起、终点站的规划主要包括起、终点的位置选择、规模的确定以及出入口道路等几方面内容，规划时应遵循以下原则：

(1) 公交起、终点站的设置应与城市道路网的建设及发展相协调，宜选择在紧靠客流集散点和道路客流主要方向的同侧。

(2) 公交起、终点站的选址宜靠近人口比较集中、客流集散量较大而且周围留有一定空地的位置，如居住区、火车站、码头、公园、文化体育中心等，使大部分乘客处在以该站点为中心的服务半径范围内（一般为350m），最大距离不超过700~800m。

(3) 公交起、终点站的规模应按所服务的公交线路所配运营车辆的总数来确定。一般配车总数（折算为标准车）大于50辆的为大型站点；26~50辆的为中型站点；小于26辆的为小型站点。

(4) 与公交起、终点站相连的出入口道应设置在道路使用面积较为富裕、服务水平良好的道路上，尽量避免接近平面交叉口，必要时出入口可设置信号控制，以减少对周边道路交通的干扰。

公交起、终点站还应设有车辆停放场地，供高峰过后抽调下来的车辆停车。如果辟用专用场地困难，可以利用路线附近交通量较少的道路支线停车。北方地区的公交起、终点站还应设车辆冬季运行所必需的供热设施等。

在候车乘客较多的公交起、终点站，应适当设置乘客排队场地、护栏、站台、防雨棚及向导牌设施等。所有停车站，均应设置站杆、站牌，对停车站名、路别、路线走向、沿线站名、首末车时间等项内容必须标记清楚完整。现代化停车站设施中，还应该包括行车信息的装置及自动化问讯装置。

二、常规公交行车作业计划编制

城市公交行车计划，是根据运输生产要求和客流基本变化规律编制的指导线路运输作业的计划，以适应不同季节、不同工作日和节假日的客流变化需求。它是企业组织运营生产的基本文件。公交行车计划是公共交通运营调度的基础，体现了公交企业的经营方向和企业的管理水平，包括行车时刻表、车辆排班计划、司售人员排班计划三个组成部分。

公交企业的主体资源有三大类：一是作为工具的运营车辆，二是作为工具使用者的驾驶员，三是作为营运平台的线路和场站。常规公交行车计划编制通常需满足如下原则：①依据客流动态变化规律，以最大限度的方便和最短的时间安全运送旅客；②调度形式的确定，要适应客流需要和有利于加快车辆周转，提高运营效率；③充分挖掘车辆的运用潜能，不断提高劳动生产率；④组织有计划、有节奏、均衡的运输秩序；⑤在不影响服务质量的前提下，兼顾职工劳逸结合，安排好行车人员的作息时间；⑥根据季节性客流量变化来适时调整计划，并根据每周、每日的不同客流量，应该制订并执行不同的计划安排。

（一）车辆调度的类型及选择

所谓调度，就是调动与安排。从系统角度看，常规公交车辆调度系统，涉及人（司售人员、调度人员等）、车（常规公交车）、路（公交车辆所行驶的道路）、环（公交车辆运营过程中所处的环境）、管（常规公交车辆运营过程中需要遵守的交通法规、公司规定）等多项影响因素。

常规公交车辆调度，是指公交企业根据客流的需要，考虑车辆满载率、行驶里程限制、相关法规政策限制条件下，通过编制运营公交车辆的行车计划和发布调度命令，协调运营生产各环节、各部门的工作，合理安排、组织、指挥、控制和监督运营公交车辆运行，从而实现如使用车辆数尽量少、与车辆行车时刻表误差尽量小、极小运营费用完成极大出行需求量等目标，同时使得企业生产达到预期经济目标和社会服务效益。

1. 常规公交车辆调度的形式

车辆调度形式，指营运调度措施计划中所采取的运输组织形式。有以下两种基本分类：

(1) 按车辆工作的时间长短与类型，分为正班车、加班车与夜班车。

①正班车：主要指车辆在日间营业时间内连续工作相当于两个工作班的一种基本的调度形式，所以又称双班车、大班车。

②加班车：指车辆仅在某种情况下，在某段营业时间内上线工作，并且一日内累计工作时间相当于一个工作班的一种辅助调度形式，所以又称单班车。

③夜班车：指车辆在夜间上线工作的一种车辆调度形式。一般城市夜间客运量不大的线路，主要行驶夜班车的车辆连续工作时间不足一个工作班，因此常与日间加班车相兼组织，只在夜间客运量较大的营运线路，夜班车连续工作时间相当于一个工作班。

(2) 按车辆运行与停站方式，可分为全程车、区间车、快车、定班车、跨线车等。

①全程车：指车辆从起点发车到终点站为止，必须在沿线个固定停车站依次停靠，按规定时间到达相关站点并驶满全程的一种基本调度形式，因此又称为慢车。

②区间车：指车辆仅行驶线路上某一客流量的高路段或高区段的一种辅助调度形式。

③快车：指为适应沿线长乘距乘车的需要，采取的一种越站快速运行的辅助调度形式。包括大站（快）车与直达（快）车两种。

大站车指车辆仅在沿线乘客集散量比较大的停车站停靠和在其间直接运行的调度形式。

直达车是快车的一种特殊形式，车辆只在线路的起、终点站停靠和直接运行。

④定班车：为了接送有关单位职工上下班或学生上下学而组织的一种专线运输形式。车辆可按定时间、定路线、定班次和定站点的原则进行运输。

⑤跨线车：是为了平衡相邻线路之间客流负荷，减少乘客转乘而组织的一种车辆跨线运行的调度形式。

实践证明，上述调度形式，对平衡车辆及线路负荷，改善拥挤，提高运输生产率和运输服务质量以及促进客运发展方面都发挥了积极的作用。

2. 常规公交车辆调度的分类

根据不同分类标准，常规公交车辆调度有不同种类划分。

（1）按系统组织模式划分

①线路调度：指公交运营企业以各条公交线路为单位，以线路（车队）为运营组织调度实体，对公交车辆进行运营调度。由于历史原因，目前我国城市公交调度普遍采用线路调度的方式，这在很大程度上是由我国当前公交运营企业的管理体制决定的。

线路调度的行车计划是按线路客流最大断面决定配车的，在线路的起、终点站均设调度员，实行两头调度。因而各线路实体"小"而"散"，车辆停放分散，加油、洗车、低保作业以及员工餐饮、休息等生活设施需多处兴建。相对于区域调度，线路调度的集中程度较低，对公交车辆的使用效率较低。

②区域调度：指在一定地域范围内，原来各自独立运营线路上的车辆、人员，通过一定的技术手段和管理组织协调起来，以一个区域为单位，对公交车辆进行运营调度，使资源得到最有效配置和充分利用的一种组织模式。区域调度有单车场调度和多车场调度两种。单车场调度是指在同一调度区域内所有运营车辆均由一个车场管理，即同一车场发车、同一车场存放。多车场调度则是指在同一调度区域内所有运营车辆由多个车场管理，即运营车辆从多个车场发车、完成任务后又返回各自车场。国外大城市普遍采用区域调度的形式。

区域调度的调度范围大，统一编制行车计划，可以使闲置的人力、运力在线路间调剂互补，实现车辆跨线运营，实现运输资源在多条线路之间的优化配置，达到节约资源的目的。又因为其调度手段是通过计算机实现，所以调度速度快、效果好。此外，区域调度的场站统一，可以集中管理公交车辆及驾乘人员，节省管理成本，并能集中财力、物力，提高配套设施的建设标准。

（2）按系统获取数据属性划分

所谓数据属性是指调度系统获取的公交数据的属性，分为以下两类：第一类为静态数据，即在一定时间内不发生变化或不需要实时更新的数据，如公交线路所经站点数据、公交站点位置数据等城市公交基础设施信息的数据、车辆行程时间历史经验数据等。第二类为动态数据，指随着时间变化实时更新的数据，包括公交站点的客流量、公交车辆位置数据、车辆实时速度信息、交通流量数据等。

①静态调度：指根据历史调查统计的乘客需求量、车辆行程时间等静态数据，编制车辆的行车时刻表，车辆按照编制好的时刻表进行运营。静态调度并没有考虑公交车辆运行环境中的随机和不确定因素，只是假设所有数据都是确定和不变的，将实际复杂的公交车辆调度问题进行了简化处理。

②动态调度：指在相关系统比较完善的基础上，全面地采集车辆运行环境、车辆、客流等各种相关动态数据，根据信息反馈，及时发现车辆实际运行与时刻表的偏差，采取重新调度或在线调整等动态调度方法，得到更新了的车辆行车时刻表，从而最终满足因系统外在变化而引起的内在适应需求，保证公交车辆运营秩序的稳定，提高公交的服务水平。通常所说的实时调度属于动态调度。

（二）常规公交行车作业计划编制分析

行车作业计划是确保公交运输企业高效运营的关键，它要求在深入的客流调查和分析后，精心编制一系列工作指标，这些指标包括车辆运行定额的确定、车辆运行参数的计算，以及行车作业计划图表的编制。这些计划不仅为线路运营管理和调度工作提供明确指导，而且对提升企业的经济效益和社会效益具有决定性影响。

在编制过程中，首先需要基于客流调查数据，预测不同时间段内的乘客流量，并据此分析乘客的出行模式和需求。接着，根据这些分析结果，确定每条线路所需的车辆数量和类型，以及车辆的发车频率和间隔时间。同时，还需计算车辆的单程运行时间、周转率等关键参数，以确保车辆能够高效地服务于乘客。

编制的行车作业计划图表应包括详细的时间表、路线图和车辆分配表，这些图表能够直观地展示车辆的运行安排，便于调度人员和行车人员执行。计划的稳定性至关重要，通常每季度进行一次编制或调整，以适应季节性变化、特殊事件或政策调整带来的影响。

一旦行车作业计划确定，所有相关人员必须严格遵守计划规定，确保车辆按时出车、正点运行，以维护计划的完整性和可靠性。此外，企业还需建立有效的监督和反馈机制，确保计划的执行效果，并根据实际情况进行必要的调整。

为了提高计划的适应性和灵活性，公交运输企业可以利用现代信息技术，如智能调度系统，来实时监控车辆运行状态，并根据实时数据快速调整行车计划。同时，通过定期收集和分析乘客反馈，企业能够不断优化服务，提高乘客满意度。

在追求经济效益的同时，企业还需考虑社会效益，平衡运营成本与服务质量，确保公交服务既经济又高效。此外，环境因素也不容忽视，企业应采取措施减少环境污染，如使用新能源车辆，优化路线以减少拥堵，为实现绿色出行贡献力量。

总之，一个高质量的行车作业计划需要综合考虑客流需求、车辆配置、运行效率、经济效益、社会效益以及环境影响等多方面因素，通过科学的方法和严格的管理，实现公交运输企业的可持续发展。

三、常规公交车辆行车时刻表及排班计划的编制

（一）公交车辆行车时刻表的编制

编排行车时刻表即根据主要运行参数汇总资料排列各分段时间内各车次（周转）的行车时刻序列，通常将其制成表格形式使用。编排行车时刻表是合理组织车辆运行、驾乘人员进行劳动组织的重要依据，是提高公交服务质量的重要手段。

1. 行车时刻表类型

城市公共汽车行车时刻表的基本类型，通常有车辆行车时刻表和车站行车时刻表两种形式。

（1）车辆行车时刻表：指按行车班次制定的车辆沿线运行时刻表。表内规定了该班次车辆的出场（库）时间、每周转（单程）中到达沿线各站时间与开出时间、在一个车班内（或一日的营业时间内）需完成的周转数以及回场时间等。

公共汽车的行车时刻表，按各行车班次（路牌）制定，即同一营业线路每天出车序号相同的车辆按同一时刻表运行。

（2）车站行车时刻表：指线路始末站及重点中途站（车辆）行车时刻表。表内规定了在该线路行驶的各班次公共汽车每周转中到达和开出该站的时间、行车间隔以及换班或就餐时间等。

2. 编制行车作业计划运行图

编制行车作业计划运行图是将行车时刻表以图形化的方式展现出来，使得车辆的运行路线、时间节点以及换乘信息等更加直观易懂。运行图通常包括以下几个方面：

①线路图：展示公交车辆的运行路线，包括起点、终点以及途经的各个站点。

②时间节点：明确标注车辆在各个站点的到达和开出时间，以及在特定站点的停留时间。

③换乘信息：提供乘客在特定站点换乘其他线路的信息，包括换乘线路、换乘站点以及换乘时间等。

④特殊说明：对于特殊时段或特殊情况下的运行调整，如节假日、大型活动等，运行图上应有明确的标注和说明。

在编制运行图时，还需要考虑以下因素：

①客流高峰：识别并标注出客流高峰时段，以便在这些时段增加车辆班次或调整运行间隔。

②交通状况：考虑交通拥堵、道路施工等可能影响车辆运行的因素，并

在运行图中做出相应的调整。

③车辆维护：合理安排车辆的维护时间，确保车辆在非高峰时段进行维护，减少对乘客出行的影响。

④应急措施：制定应对突发事件的预案，如车辆故障、交通事故等，并在运行图中明确应急措施的执行流程。

通过精心编制的行车时刻表和运行图，公交运输企业能够提供更加准时、便捷、高效的服务，满足乘客的出行需求，同时也提高了公交系统的运营效率和服务质量。

（二）车辆行车排班计划的编制

车辆行车排班计划的编制是公交运营中一项至关重要的工作，它不仅关系到车辆资源的合理利用，还直接影响到运营成本和乘客的出行体验。在客流需求和行车时刻表确定之后，排班计划的编制需要在满足公交运营企业相关要求的前提下，进行精细化的车辆调配，以达到优化运营效率和降低成本的目的。

首先，排班计划需要考虑车辆的运行效率和乘客的出行需求，合理分配车辆到各个班次中。这包括对车辆的出场时间、运行路线、停靠站点、运行间隔等进行详细规划，确保每班车辆都能按照时刻表准时运行，并满足乘客的出行需求。

其次，排班计划的编制还需要考虑车辆的维护和燃料补充等运营要求。合理的排班可以减少车辆的空驶时间，提高车辆的使用效率，同时也有助于降低运营成本。例如，可以在车辆的非高峰时段安排维护和燃料补充，以减少对乘客出行的影响。

在大中型公交运营企业中，排班计划的编制尤为复杂。传统的单条线路调度相对简单，但在大型公交系统中，为了优化时刻表所用的最小车辆数，常常需要采用跨线调度方案。这种方案通过车辆空驶车次形式，将车辆的运营轨迹由"线"扩展到"面"，从而实现车辆资源的最大化利用。

然而，这种跨线调度方案的实施往往超出了人工能够应付的范围，需要采用智能化的方法来解决问题。智能化的排班系统可以利用先进的算法和数据分析技术，对车辆的运行数据进行实时监控和分析，从而自动生成最优的排班计划。

智能化排班系统的优势在于：

自动化处理：系统可以自动处理大量的数据，快速生成排班计划，提高工作效率。

实时监控：系统可以实时监控车辆的运行状态，及时调整排班计划，应对突发事件。

优化调度：系统可以根据客流变化、交通状况等因素，动态优化排班计划，提高车辆的使用效率。

成本控制：系统可以帮助企业合理控制运营成本，实现成本最小化。

乘客体验：系统可以根据乘客的出行需求，优化车辆的运行路线和停靠站点，提高乘客的出行体验。

总之，车辆行车排班计划的编制是一项系统性、复杂性的工作，需要综合考虑车辆资源、客流需求、运营要求等多方面因素。通过采用智能化的方法，可以有效地解决排班计划编制中的复杂问题，实现车辆资源的合理调配，提高公交运营的效率和质量。

第五章 交通运输供给

第一节 运输供给概述

一、运输供给的概念

(一) 供给的基本概念

现在我们从需求转到供给。供给 (supply),指的是特定市场上在一定时期内,当其他条件不变时,在某一价格下,生产者愿意且能供应的商品或服务的数量。供给的大小通常用供给量来描述,而供给是指在不同价格水平时的不同供给量的总称。在不同价格下,供给量会不同。因此,在其他条件相同时,一种物品的市场价格与该物品的供给量之间存在着一定的关系。这种关系若以图形来表示 (图 5-1),便称为供给曲线 (supply curve)。

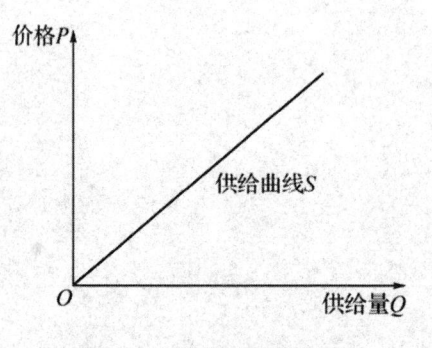

图 5-1 供给曲线示意图

供给曲线也有着一种明显的特征,即当一种商品的价格上升时 (同时保持其他条件不变），生产者便会趋向于生产更多的数量，在图上这表现为供给曲线向上倾斜。供给曲线向上倾斜的重要原因之一是"边际收益递减规律"。边际收益递减规律又称"边际产量递减规律"，指在技术水平不变的条件下，增加某种生产要素的投入，当该生产要素投入数量增加到一定程度以后，增加一单位该要素所带来的产量增加量是递减的。

供给曲线表现的是价格这一单一因素变动时"供给量"的变动，当物品价格之外的其他因素发生变动而引起供给数量发生变动时，我们称之为"供给的变动"（图5-2）。

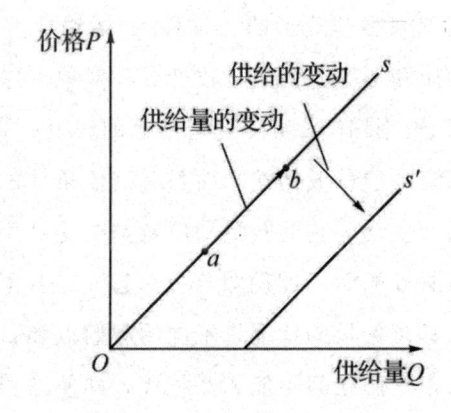

图5-2 供给与价格的关系

从供给曲线看：在市场的每一价格水平，当供给的数量都增加（或减少）时，我们就说供给增加（或减少）。例如，当公路客运的价格发生变动时，供给者当然也改变客运服务的供给量，但这时供给和供给曲线并没有发生变动。但如果引进了节约成本的计算机化的设计和生产方法，则会降低客车生产的成本；如果政府削减公路客运附加费，那么，公路客运的供给成本就会降低……这些因素中的每一个都会提高在每一价格水平上公路客运的供给。

（二）运输供给的基本概念

运输供给（transport supply）是指运输生产者在某一时刻，在各种可能的运输价格水平上，愿意并能够提供的各种运输产品的数量。与一般商品的供给相比，运输供给的特点在于其涵盖的范围很广：运输供给包括了运输基础设施的供给、载运工具的供给以及它们共同提供的运输服务供给。运输供给在市场上的实现要同时具备两个条件：一是运输供给者有出售运输服务的愿望；二是运输供给者有提供运输服务的能力。

二、运输供给的特点

（一）运输服务的不可储存性

运输市场出售的不是实物产品，而是不具有实物形态、不能储存、不能调拨的运输服务，消费者在运输市场中的购买，不是为了直接占有运输产品，而是通过运输实现旅客和货物的"位移"。运输业并不像工农业那样改变劳动对象本身的性质和形态，而只是改变劳动对象（旅客和货物）在空间上和时间上的存在状态，具体体现在空间位置的移动，即"位移"。但位移并不是任何抽象的笼统的位移或运输，而是有具体条件的，包括目的地、时间等要求和规定的场所变动，它的数量和质量都要受到用户的检验。运输服务的供给过程和运输服务的消费过程融合在一起，二者不可从时空上进行分离。同时运输服务又具有矢量的特征，不同的起始点和目的地之间的运输形成了不同的运输产品，它们之间不能相互替代，即使是相同起始点和目的地之间的运输存在运输方向的问题。因此，不存在任何可以存储、转移或调拨的运输"产成品"，运输服务的供给只能以提高运输效率或新增运力来适应不断增长的运输市场需求。即使这样，当面对变幻莫测的运输需求时，运输服务的不可储存性带来的困难仍然难以克服。

以出租车供给为例，由于潜在的顾客很少正好位于空出租车巡行的地方，因此即使在总需求曲线与总供给曲线的交汇处，仍将有未满足的需求（此时，只有出租车总是精确出现在需要的地点，需求才会完全得到满足）。若要提供充分的搭车服务，就必须提供超过总需求的出租车数量。只有这样，出租车市场的需求量才能等于所提供的车辆数，才不存在由于不能乘上出租车而放弃等候的失望的旅客。当然，在那些准备付费并使用出租车的人获得一种良好的服务时——提供的车辆远超过需求量——短暂的等候时间和充足的载运能力有可能是在资源使用上的浪费。

同时，运输产品的生产过程和消费过程不可分离的特征对运输产品或运输服务的质量提出了特殊要求。当旅客发现运输服务质量较差时，他往往已经身处运输过程之中，一般很难立即退出该过程，改变自己的行程安排；货主发现运输质量有问题时，更是在运输过程完成之后。这使得旅客和货主不能像普通商品的消费者一样，把质量不符合标准的商品拿回去退换，他只能消费自己事先选择了的运输过程，不管它是时间上的延误、感觉上的不舒适或是货损货差。如果运输过程中发生安全方面的事故，更会带来无法弥补的生命财产损失。运输产品的这种特性使得运输市场上对运输质量的要求应该更加严格，特别是在事前对运输业者提供服务的监督和检查比在其他市场上更为重要，以切实保护运输消费者的利益。为了在发生意外事故时尽可能补偿旅客或货主的经济损失，各国的运输市场还普遍实行了运输保险的制度，有些甚至采取强制性保险的方式。

（二）运输供给的分散性

运输市场既有空间上的广泛性，又有具体位移的特定性。运输产品进行交换的场所，是纵横交错、遍布各地的运输线路和结点。客运市场交换主要集中在车站、码头、机场等地；货运市场则更为分散，哪里有货物运输需求，哪里就会有形成货运交易场所的动力。但旅客和货物位移是具体的，只有相同的旅客和货物在相同起运终到地点的运输才是相同的运输产品。不能用运水果代替运石油，也不能用兰州向乌鲁木齐的运输代替广州向上海的运输，甚至在同一运输线上不同方向的运输也是完全不同的运输产品。然而同一种运输产品可以由不同的运输方式提供，并行的几种运输工具可以提供相同但质量上（比如运输速度、方便、舒适程度等）有差别的运输产品。在具体的运输市场上，不同运输生产者的竞争，不仅发生在同一部门内部的不同企业之间，也发生在不同的运输方式之间。可以互相替代的运输工具共同组成运输市场上的供给方，它们之间存在着合作竞争关系。因此，虽然某些运输线路或结点的流量很大，但从更大的区域范围来看，运输供给仍然是极为分散的，并不存在大系统层面上的一致性。

（三）运输供给的离散性

运输供给具有一定的不连续性，或称离散性。长期来看，一条双向 4 车道的高速公路，如果由于通行能力不足需要扩容的话，将会直接扩建为双向6车道甚至双向8车道的高速公路而不存在太多的"中间状态"（如仅增加原有4个车道的车道宽度）。又如，如果由于一辆2轴的卡车运能不足而需要更换车型的话，车主通常会选择更换3轴以上的卡车。2轴车"升级"到3轴车之间便是运输能力的一次飞跃，不存在运能的连续增加过程。短期来看，运输供给的离散性可能更为明显。例如，5个成年人打车，通常一辆出租车无法提供超过4个成人的运输服务，因此还需要另一辆（也能乘坐4个人的）出租车来提供服务，尽管这看似很不经济。从运输服务质量的角度来看，也存在着离散性。例如普通飞机上的座位分为商务舱和经济舱两类，对于一位既嫌商务舱的条件太优越（当然，他/她真正反感的是商务舱的高票价）又嫌经济舱太简陋的旅客来说，航空公司并不能提供介于商务舱和经济舱之间的"折中"服务。综上所述，运输供给的离散性导致了运输供给与运输需求有时难以完全吻合，或者说，运输供给者有时无法恰到好处地提供消费者所需的运输服务。

（四）运输供给的部分可替代性

现代运输市场中有铁路、公路、水运、管道、航空多种运输方式及多个运输供给者存在，有时几种运输方式或多个运输供给者都能完成同一运输对象的空间位移，于是这些运输供给之间存在一定程度的可替代性，这种可替代性构成了运输方式之间竞争的基础。当然，由于运输产品具有时间上的规定性和空间上的方向性，因此不同运输供给方式的替代性受到限制；各种运输方式的技术经济特征、发展水平、运输费用和在运输网中的分工也不同，所以运输方式之间的替代是有一定条件的。对于客运来说，旅客在旅行费用、服务质量、旅行速度之间进行权衡，选择运输方式；对于货运来说，运输费用、运输速度、方便程度是选择运输方式的依据。因此，各种运输方式之间存在的既不是异功能的协同关系，也不是同功能的竞争关系，而是在某些区间为同功能、某些区间又为异功能的一种相互有弱可替代性的关系，反映到综合运输系统中这种关系有时就呈现竞争性、有时又为协同性。此外，运输服务的消费者通常还拥有其他的选择权力，决定是否改变他们的生产方式和生产地点（针对货物运输）或者改变他们的居住、工作地点和消费方式（针对客运方式），所以运输本身也是在与不同形式的人类活动进行竞争。

（五）"有效"供给范围较大

铁路、公路、航空等很多运输方式的特征之一是资本密集度高，造成运输业单位产值占用资金的数量明显高于其他生产和服务部门。资本密集度高往往意味着在总成本中固定成本比变动成本的比重要大，这使得很多运输方式的短期成本曲线较为平坦，就是说与那些变动成本很大的产业相比，运输成本曲线的 U 字形不明显。当短期平均成本曲线在相当大的产出范围内具有较平坦的形状时，平均成本随运量变动则只有较小的改变。对于运输供给者来说，处于由边际成本确定的理想"最优"供给量的运输成本，与其周围非最优供给量所对应的成本可能相差不大。而且，运输供给者还可以通过运输服务质量的下降从一定程度上抵消成本变动的不利影响。因此，"有效供给"对运输生产者来讲就有一个较大的范围，换句话说，其经济运能是一个较大的范围。例如，如果火车的客座率由 80％ 增加到 100％ 甚至 120％，则由于上述运输业的短期变动成本所占的比重较小，使得运量的增加而引起的总成本的增加微不足道。然而，当这种情况发生时，伴随而来的是运输条件的恶化，旅客必须在买票、候车、行李托运、行李检查的过程中花费大量的时间和精力。这些服务质量下降所引起的成本大部分由消费者承担了。如果把这笔费用加在运输业的账上，则其成本曲线将会是另外一种形状。也就是说铁路运输供给者把一系列改善服务条件必需的费用（如改造客站、增加售票点）转嫁给了消费者，从而降低了运输成本，使供给曲线向下移动，在运价不变的情况下增加了供给。

（六）运输供给的规模经济性

在经济学中，规模经济（economies of scale）意味着当固定成本可以分摊到较大的生产量时会产生的经济性，是指随着厂商生产规模的扩大，其产品的平均单位成本呈现下降趋势。范围经济（economies of scope）则意味着对多产品进行共同生产相对于单独生产的经济性，是指一个厂商由于生产多种产品而对有关生产要素共同使用所产生的成本节约。运输供给的规模经济，是指随着网络上运输总产出的扩大，平均运输成本不断下降的现象。这是一个十分笼统的概念，因为它包含着很多不同的内容。运输业的范围经济，是指与分别生产每一种运输产品相比较，共同生产多种运输产品的平均成本可以更低，这可以是指某一运输企业的情况，也可以是指某一运输网络或载运工具（如线路、节点、车辆和车队等）的情况（如表5－1所示）。运输业的规模经济和范围经济概念与一般工商业的规模经济和范围经济的区别在于这个特殊的多产品行业使得其规模经济与范围经济几乎无法分开，并使它们通过交叉方式共同构成了运输业的网络经济。

表5－1　　　　　　　运输供给的规模经济与范围经济性

规模经济与范围经济的划分		运输密度经济与幅员经济的划分	具体表现	
范围经济	规模经济	运输密度经济	线路通过密度经济	特定产品的线路密度经济
^	^	^	^	多产品的线路密度经济
^	^	^	载运工具载运能力经济	
^	^	^	车（船、机）队规模经济	
^	^	^	港站（枢纽）处理能力经济	
^	^	幅员经济	线路延长	运输距离经济
^	^	^	服务节点增多	幅员扩大带来的多产品经济

①运输是地理空间上的活动，运输网络在空间幅员上的规模越大，线路越长，网点越多，其服务覆盖的区域范围就越大，因此从运输网络的幅员大小看，可以考察运输企业是否具有管辖线路越长或网络覆盖区域越大单位运输成本越低的效果。

②从运输线路的通过密度上看，可以考察具体运输线路上是否具有运输量越大就导致该线路的单位运输成本越低的效果。例如一条铁路从开始修建时的单线到复线以至多线，牵引动力也从蒸汽机车到内燃机车再到电力机车，加上行车指挥技术的不断进步，其通过能力也从起初的上百万吨到几百万吨、几千万吨甚至上亿吨，运输能力越来越大，效率越来越高，平均成本则不断降低。公路、管道和水运航线等也具有类似的现象。

③从单个运输设备的载运能力（如列车牵引重量、车厢容积、飞机客座数或轮船载重吨位等）上看，则可以考察是否具有载运能力越大其单位运输成本就越低的效果。目前的趋势是载运工具越造越大，400座以上的大型客机、万吨货物列车和驳船队、30万吨矿石船、50万吨油轮、6000～8000TEU（标准箱）的集装箱轮都已经司空见惯了。

④从运输企业拥有车（船、机）队中车辆数的多少，可以考察是否车队的规模越大，经营效率越高或单位运输成本越低。例如机队的规模既与在航线上所能提供的服务频率有关，又与保持合理的维修队伍及合理的零部件数量有关，有数据说在只有一架客机单独使用时所需储备的零部件数量相当于飞机价值的50%，而当拥有10架相同客机时所需要储备的零部件数量仅相当于飞机总价值的10%。我国目前拥有500余架民用客机，分别属于数十家航空公司，飞机总数还不如国外一家大公司拥有的数量，因此每一家公司的机队都很难达到应有的合理规模。

⑤由于客货发送量越来越大，而且存在大量同种运输方式内部或不同运输方式之间的中转、换装、联运、编解和配载等问题，交通网络内港站或枢纽（包括车站、港口、机场、配载中心以及它们的结合体等）与相关线路或相关运输方式的能力协调变得十分重要；而且在网络内线路运输费用已经比较低的情况下，有关枢纽上的高昂中转费用就会变得十分突出。港站的处理能力经济表现为，港站处理的客货发到与中转数量或处理的载运工具发到、中转、编解和配载数量越大单位成本越低。目前在世界上不难找到每年发送数千万人次的机场、接卸十几万吨或几十万吨位货轮的码头、吞吐1000万TEU以上集装箱的港口、每天处理上万辆车的铁路编组站或几千吨货物的公路零担转运中心。枢纽的能力必须与整个网络相协调，在能力不足的情况下，枢纽决定或限制了网络系统的整体能力；反过来说，枢纽的规模和能力也是其所在运输网络发达水平的标志。

⑥还可以从运输距离角度考察是否具有单位运输成本会随着运距的不断延长而下降的效果。由于运输成本都可分成随运距延长成比例变化的途中成本和与运距无关的终点成本，因此运输经济中一直有所谓"递远递减"的规

律，特别是终点成本所占比例较高的铁路、水运和航空运输这一特点更为明显。

因此，与运输活动有关的规模经济可以划分成多种不同的类型，即：运输网络幅员经济、线路通过密度经济、港站（或枢纽）处理能力经济、车（船、机）队规模经济、载运工具能力经济和运输距离经济等。运输业由多种运输方式组成，各种运输方式都既可分成基础设施与客货运营两部分，而且根据客货流或服务对象的特点（如远途或近途，整车或零担，定点定线服务与否等）又可进一步划分为若干运输类别，这使得讨论运输业的规模经济问题平添了很大的难度，不可以简单地一概而论。可以在运输业中找到很多存在规模经济的例子（例如公路零担运输需要组织较大的车队和在较大的网络内通过沿途接卸和轴辐式中转的结合提供服务），同时也可以找到大量不具有规模经济的例证（如个体运货卡车和船户、个体出租车等）。

而运输业范围经济的存在使得其规模经济概念的把握更加困难。前面已经提到运输产品及其计量上的复杂性，此外在通常情况下，运输基础设施特别是运行线路往往需要客货运混用，例如铁路客货运公司利用同一个铁路网络，同时提供客货运服务并生产出多种客运和货运产品，一般要比分别建立两个各自拥有客货运专线的铁路公司分别进行客货运的成本要低。虽然同时从事客货运输也会导致一定程度的范围不经济，其原因在于线路上开行了速度不同的列车，导致能力损失和出现拥挤现象等，因此在运量特别巨大的铁路上有可能增建客运专线，但符合这种条件（例如客货运输密度已分别超过7000万吨和5000万人次）的情况应该是很少的。又如，尽管公路客货车辆对路面厚度等的不同要求会导致公路造价的差别，但世界上单独修建供客车或货车行驶的公路似乎也很少，因为双方的车流密度往往都达不到把公路分开建的要求。可以看出，即使是在同一运输线路上被运送，甚至就在同一部载运工具上的旅客和货物，也会对应着很多不同的运输产品。因此运输业在很大程度上也是存在范围经济的，产生范围经济的一个主要原因是设施和设备的共同使用可更充分地发挥效率，从而降低运输成本。如果不考虑运输服务质量上的差别，对运输产品可以根据客货运、货运中的不同货种、同类货物但起讫点不同以及不同的运送时间等进行分类，可以看出几乎每一个特定的位移都是一个特殊的运输产品。运输业就是这样一个提供极端多样化产品的特殊行业，同样的运输位移可以由不同的运输行业（即不同运输方式）分别提供，而每一个运输行业和运输企业往往又都面对着不同的运输市场。

三、运输供给的影响因素

（一）运输价格

运输服务的价格（简称运价）是影响运输供给的最重要的因素。在其他因素不变的情况下，商品价格与供给量呈同增同减的变动关系。但由于运输业的商品价格在许多运输对象和运输范围内受到政府的严格管制，使得对于运输供给弹性的实证分析变得较为复杂。运输供给的价格弹性是指在其他条件不变的情况下，运价变动所引起的供给量变动的灵敏程度，运输供给的弹性系数 E_{st} 为

$$E_{st} = \frac{运输供给量变动的百分比}{运输价格变动的百分比} \tag{5-1}$$

当 $E_{st} > 1$，我们说运输供给是富有弹性的；

当 $E_{st} < 1$，我们说运输供给是缺乏弹性的；

当 $E_{st} = 1$，我们说运输供给是单位弹性的。

影响供给弹性的因素主要有如下几方面：

①运输成本。运输业提供一定运量所要求的运价，取决于运输成本。如果成本随运量变化而变化的幅度大，则供给曲线比较陡，因而供给就缺乏弹性；反之则富于弹性。

②调整产量的难易程度。一般来说，能够根据价格的变动灵活调整产品产量的产业，其供给的价格弹性就大；反之，难于调整的，其供给弹性就小。

③考查时间的长短。时间因素对于供给弹性来说，比对需求弹性可能更为重要。

时间越长，供给就越有弹性；时间越短，供给就越缺乏弹性。

（二）运输成本

考察运输供给决定因素的基本点在于，运输供给者提供运输服务为的是利润，而不是乐趣或博爱。因此，决定运输供给的一个关键因素便是运输成本。相对于运输市场价格而言，当某种运输服务的成本比较低时，运输供给者大量提供该运输服务就会有利可图；当运输成本相对于市场价格而言比较高的时候，运输供给者就会提供比较少的服务数量，而转向其他地区甚至退出该行业。运输成本的影响因素很多，但主要取决于投入品价格和技术进步。劳动、能源或设备等投入品的价格显然会对既定产出水平的运输成本产生重大的影响。

（三）相关物品或服务的价格

运输成本并非运输供给曲线的唯一决定因素，运输供给也受相关物品价格的影响，特别是那些能够轻易地进行替代的相关物品的价格。例如，汽车公司通常会制造不同类型的汽车，如果一种类型的汽车需求增加而导致价格上升的话，它们就会将更多的生产线转向生产改种车型，如此一来，其他类型汽车的供给就会下降；如果卡车的需求和价格上升，整个公司就会更多地转向生产卡车，从而降低轿车的供给。

（四）政府政策

出于环境、能源或安全等方面的考虑，政府会鼓励或限制某些运输形式，而税收和财政补贴会影响运输投入品的价格。政府的运输管制对于竞争企业的数量和它们的运输产品价格都会产生影响。

（五）特殊因素

最后，一些特殊因素也会影响运输供给。气候条件对公路运输和航空运输有着重要的影响，而对未来政府政策和市场状况的预期通常也会对运输供给决策产生重大的影响。如果运输企业对未来的经济持乐观态度，则会增加供给；如果企业对未来的经济持悲观态度，则可能减少供给。表5-2以公路运输为例，列举了影响公路货运供给的重要因素。

表5－2　　　　公路运输供给受运输成本和其他因素影响

影响因素	以公路运输为例
技术	信息技术的进步，降低了运输组织成本并增加了供给
投入品价格	油价的下跌降低了运输成本，并增加了供给
相关物品的价格	如果铁路的运价上升，卡车的供给就会增加
政府政策	取消对卡车的交通管制会增加供给
特殊因素	对政府未来路桥通行费政策放宽的预期会增加供给

第二节　运输成本

一、运输成本概述

（一）运输成本与运输供给

经济学分析中需求与供给是一对相互联系的概念，但是在实际经济分析中成本概念有时比供给的意义更重要。这是因为任何厂商或产业都有自己特定的成本曲线，而它们在市场上的供给曲线只不过是其成本曲线的一部分，对运输业者和运输行业来说也是这样。因此可以说，如果我们比较好地理解了运输成本，也就自然理解了运输供给。

学习经济学时要切记的一个重要原则是：资源是稀缺的。这就意味着每次我们采用一种方法使用资源时，我们就放弃了用其他方法利用该资源的机会。这在我们的日常生活中很常见，我们必须决定如何使用有限的时间和收入。我们是否应该参加明天的旅游活动？应当周末去外地旅行还是去买一辆新的自行车？我们应当打的还是挤公交？

（二）运输的机会成本

这里的每一个例子中，做出决定实际上都会使我们失去做其他事的机会。失去的选择被称为机会成本。机会成本（opportunity cost）与一般意义上的会计成本不是同一个概念，它不一定是做某件事的时候实际发生的账面费用支出，而更多地是指为了做这件事而不得不放弃做其他事而在观念上的一种代价；使用一种资源的机会成本是指把该资源投入某一特定用途所放弃的在其他用途中所能获得的最大利益。在运转良好的市场上，当所有成本都包括进来时，价格等于机会成本。在分析发生于市场之外的交易时，机会成本的概念显得尤其重要。

运输经济学中所使用的成本概念也应该是机会成本。例如，不论是土地还是其他自然资源，也不论是劳动力还是资金，一旦被用于某种运输设施建设或运输服务，就不能同时用于其他产品的生产或提供其他服务，因此选择了资源在运输方面的使用机会就意味着放弃了其他可能获得利益的机会。更进一步地说，避免更大损失也是把握机会成本概念的重要方面，"两害相权取其轻"的说法早就清楚地刻画了人们在这方面对机会成本的理解，因此机会成本还可以有一个补充定义："在做出希望使损害最小的某种选择时，如果不做该选择可能会遭受的更大损害，就是该项选择所要避免的机会成本"。

那么，是否所有的机会成本都表现在企业的损益表（也称利润表，是反映企业在一定期间的经营成果及其分配情况的报表）这样明显的地方呢？不一定。有一些重要的机会成本往往并不出现在损益表中，例如：在许多小的运输企业中，业者可能投入了许多无偿的时间，但并没有被包含在成本之中；企业账户不会涉及其所有者自有资金的资本费用；当企业把有毒气体排放到大气中时，它们也没有承担由此引起的环境污染费用。但是，从经济学的观点来看，这些对于经济都是真实的成本。

我们在运输活动中也可以找到很多这样的例证，例如由于不正确的投资决策造成某些运输设施经营严重亏损，投资回收已不可能，那么是应该废弃已经建成的运输设施，还是维持该设施的运营并使损失尽可能减少呢，这也需要用机会成本去进行分析和权衡。又如，私人小汽车拥有者自己开车出行，所引起的直接费用（如燃油费）可能并不大，但除此之外他还要付出一些代价，如交通拥堵及停车引起的时间损失等，而时间也是有价值的，因此，私人交通领域也不仅仅考虑的是实际发生的费用，机会成本同样是人们选择或决策的主要依据。当然，由于机会成本一般不能用会计成本直接代替，而机会成本本身又不容易准确地进行计算，因此如何准确把握机会成本有时会成为一个比较困难的问题。

（三）机会成本的衡量方法

在运输经济分析中有两个相对实用的机会成本衡量方法，即利用隐含成本和影子价格的概念。所谓隐含成本（implicit cost）是指厂商使用自己所拥有的生产要素，由于在形式上没有发生明显的货币支付，故称为隐含成本。例如，运输业者或运输企业自己在拥有固定运输设施或运输工具的情况下，从事运输时似乎并不需要支付相应的利息和租金等。这部分支出在形式上虽然没有发生，但这并不等于没有机会成本，因为他们当时建设或购置这些财产的时候是付了钱的，这些钱如果存在银行可以获得利息，如果投资在其他领域也可以获得利润，而假如运输业者或运输企业租用运输设施或运输工具从事运输则无疑需要付出租金。因此计算隐含成本是大体把握运输企业使用自有财产机会成本的一个替代方法。影子价格（shadow price）是一种以数学形式表述的反映资源在得到最佳使用时的价格，主要应用在投入使用的生产要素的账面成本与这些要素现实在市场上的价格有差别的情况下。例如运输业者或运输企业原来储存的燃油与现实的燃油市场价格有了较大不同，或所拥有的土地及其他财产也由于时间和其他条件变化产生了价值的增减，这就需要把有关生产要素放到开放的要素市场中去进行重新估价，用当前的市场价格修正账面会计成本。

二、基本的运输成本概念

（一）总成本、固定成本和可变成本

1. 总成本

总成本（total cost，TC）是指在一定时期内（财务、经济评价中按年计算），运输供给者提供某种运输服务（运输服务产出即运输量用 q 表示）而发生的总耗费。通过总成本的计算和分析，可以了解掌握计算期的总支出，将总成本与收入、利润、净利润等比较，能获得有意义的分析指标。

2. 固定成本

什么是企业的固定成本（fixed cost，FC）呢？有时，固定成本也称为

"固定开销"。它由许多部分构成，如公路的建设费用、车站和码头的租金、根据合同支付的设备费、债务的利息支付、长期工作人员的薪水，等等。即使运输供给者的运输量为零，它也必须支付这些开支；而且，如果运输量发生变化，这些开支也不会改变。

3. 可变成本

可变成本（variable cost，VC）是随着产出水平的变化而变化的那些成本。它包括：提供运输服务所需要的原料（如汽车行驶所需更换的轮胎）、为运输站场配置的搬运工、进行运输所需要的能源，等等。在一个运输站场中，搬运工是可变成本，因为站场主管可以较轻易地调整搬运工的数量和工作时间来适应站场中的车流量。根据定义，当 q 为零时，VC 的起始值为零。它是 TC 中随着产量增加而增加的部分。实际上，在任何两个产量之间，TC 的变化量就是 VC 的变化量，因为 FC 的数值一直不变。

根据上述定义，总成本等于固定成本加可变成本：

$$TC = FC + VC \tag{5-2}$$

（二）边际成本

在经济学各领域中，边际成本是最重要的概念之一。边际成本（marginal cost，MC）表示由于多生产 1 单位产出或多提供 1 单位运输服务而增加的成本。

有时，多生产 1 单位产出的边际成本可能非常低。例如，对于一架有空位的客机，增加一个旅客的边际成本可能是微不足道的，几乎不需要增加任何资本（飞机）或劳动（飞行员和空中服务人员）。而在其他例子中，边际成本也可能会很高。以铁路运输系统为例，在正常情况下，它可以用最低的成本或最高的效率提供足够的运输服务，但在春运期间，当客运需求变得非常巨大的时候，铁路部门将不得不启用系统中那些陈旧的、高成本而又低效率的机车和车皮，这会导致所增加运输服务的边际成本非常高昂。

在经济学中，边际成本一般被定义为增加额外一单位产量的成本增加额。在运输经济学中，边际成本是用增加的吨公里或人公里数去除新增运输服务所增加的运输成本，然而吨公里或人公里仅仅是运输产品的一类计量单位，并不是实际的运输产品，一位旅客随飞机在空中飞行一公里距离与他的整个旅程有很大差别，因此这样定义的边际运输成本就可能与一般经济学发生偏差，以吨公里或人公里计算的边际成本仍然带有某种平均的性质。

于是，在运输成本分析中还可以使用增量成本（incremental cost）的概念。对于增量成本，有学者将其定义为新增加的运输服务引起的成本增加，它与边际成本的主要区别在于衡量增加的产出量是单个运输对象的全程位移。例如，假设其他因素不变，在有空座的航班上增加一人，并不需要为这一增加的客流加开航班，新增的成本几乎只是该旅客的机场建设费用。这就是在假定系统其他条件不变情况下新增旅客的增量成本。

（三）平均成本

1. 平均成本或单位成本

同边际成本一样，平均成本是在企业中广泛使用的概念。通过比较平均成本与价格，或平均成本与平均收益，企业就能得知是否可以获利。平均成本（average cost，AC）是总成本除以产品或服务的单位总数，即：$AC = TC/q$。

2. 平均固定成本和平均可变成本

正如我们把总成本分解为固定成本和可变成本一样，我们也可以把平均成本细分为平均固定成本和平均可变成本两部分。平均固定成本（average fixed cost，AFC）被定义为：

$$AFC = FC/q \qquad (5-3)$$

由于总固定成本是不变的，因此，除以不断增加的产量，就得到一条不断下降的平均固定成本曲线。换句话说，当运输供给者提供越来越多的服务，不变的 FC 为越来越多的运输量所分摊。

平均可变成本（average variable cost，AVC）等于可变成本除以产量，或：

$$AVC = VC/q \qquad (5-4)$$

3. 最低平均成本

不要将平均成本与边际成本相混淆，这种错误很容易发生。实际上，平均成本可以比边际成本高得多或者低很多。这是一个非常重要的关系，它意味着一个追求最低平均成本的企业应当将其产出置于平均成本与边际成本相等的水平。

第三节 运输的外部性

一、外部性概述

(一) 外部性的概念

1. 外部性的界定

在经济学中,有关外部性的定义很多,"外部经济""外部效应""外部影响""外在性""外溢效应"等概念是各个时期"外部性"的不同称谓。从形式上说,当一个经济主体的行为对另一经济主体的福利产生了效果,而这种效果并没有从货币上或市场交易中反映出来,就产生了外部性。因此,从与市场的关系来看,外部性(externality)是未被市场交易包括在内的额外成本及收益统称(若外部性被纳入市场交易,我们称之被"内部化"了)。外部性必须满足四个条件:①外部性不能单纯是某种物质影响,而必须是某种福利影响的效应;②产生外部性的主体必须是个人或集团人群,或处于人的控制之下的事物,受影响的一方也必须是人或人所拥有的事物;③外部性造成的福利影响,无论是利益还是损失,都是不支付代价的;④外部性通常是一种经济活动的副作用,带有偶然性和附随性,而不是一种经济活动的主导的和有意识造成的影响。

2. 外部性的分类

实际上,在经济学100多年的研究历程中,关于外部性的概念不但没有统一反而存在散化的趋势,人们的观点也同样存在很大的差异。有的以外部性是否为正将其分为"外部效益"(或"社会效益")与"外部成本"(或"社会成本");有的以经济实体(企业或物品供给者)和个体为界划分内部性(内部经济)和外部性(外部经济);有以群体(代际)为界划分内部性和外部性的;有以系统(以一项买卖交易活动的双方为一个系统)或交易活动为界划分内部性和外部性的；还有的以外部性产生原因为研究对象将外部性界定为制度外部性作为制度变迁和政府干预的解释工具。不过，以上各派大多倾向以"市场"为界划分内部性和外部性，即能够通过市场机制或价格机制内部化的都属于内部性，这部分外部性又可称为经济外部性，而不能够通过市场机制和价格机制内部化的是真正的外部性，即技术外部性。可见，外部性与内部性的界限是多样化的，物理界限（以"账户"为界）和观念界限（以"市场机制"为界）混合存在，从而导致外部性边界也是不确定的。许多学者在分析外部性时同时采用两种以上的划分依据，这是造成外部性研究观点纷争且往往争论无果的主要原因之一。

3. 经济外部性和技术外部性

这两种外部性的表面区别是：当技术外部性出现在生产（或消费）中时，它们必须表现在生产（或效用）函数中，而经济外部性就不是这样。比如说，当一家企业的成本受其他厂商在生产要素买卖中的行为所引起价格变动的影响时，就产生了经济外部性效应。举个能有助于说明这一问题的例子。一条新高速公路可能阻塞或破坏一个地区居民以前享受的美景，这一直接进入居民效用函数的事实就意味着它是技术的外部性。如果这条新高速公路还把当地修车厂经营的业务转移到高速公路服务站，那么修车厂主收入的减少就是一种经济外部性，因为这一后果是间接的，也就是通过两个企业所收取的价格的变化引起的。

由于这两种外部性通常是同时发生的，加之这两者的区别似乎很小，因此常被人们忽略。但实际上，他们之间存在很重要的区别。技术外部性是真实的资源成本（即"真正的外部性"），如果决策时要确保得到最佳效率，就应该仔细考虑资源成本。总体来说，经济外部性不涉及资源成本（因此又被称为"假外部性"），但它们通常具有重要的分配意义（例如在高速公路一例中，招致服务站得益而修车厂受损失）。存在与项目有关的经济外部性这一事实，并不会减少总的净收益，但却表明在整个经济中存在调节，这种调节影响谁得收益谁受损失，因此在评估公共运输投资时，区别技术外部性和经济外部性具有重要意义，因为人们关心的除投资总水平外，还要关心成本和收益的发生方式。

4. 纯拥挤与纯污染

传统的福利经济学根据所涉及对象的不同类型来区分各种各样的外部性类别，有学者提出了一种简单的两分法，在运输领域内它可能比某些复杂的分类方法更加有用：

纯污染——"损人利己"。一些使用者确实滥用生活环境而成为污染者；而另一些人成为这种滥用的相对被动的受害者。例如，对于喷气式飞机发出噪声，机场附近的家庭主妇们不得不忍受它。

纯拥挤——"损人不利己"。如果公路交通是拥挤的典型例子，那么与之相关的人与人之间的主要分配事实就是，所有的使用者都以完全相同的方式使用生活环境（公共物品）。每个人都在破坏他人和自己的服务质量，对自己和他人破坏的比率对所有使用者来说大致相同。全体使用者由于他们自己施加的相互作用而均匀地遭受损失。

（二）外部性产生的原因

很多空气污染属于外部性，因为市场机制无法对污染者提供适当的限制。厂商们既不会自愿地减少有毒化学物质的排放，也不会改变将有毒的废物排向社会的行为。那么，为什么像污染这样的外部性会导致经济的无效率呢？假定有一个位于城市里的繁忙的公交始末站——车辆怠速与频繁进出会制造大量的噪声与尾气，办公楼因此需要安装隔音门窗并定期粉刷，同时工作人员的医疗费用也会增加。尽管如此，损害的主要影响对车站来说还是"外部的"，它影响的是整个周边的地区：给植被和建筑物都带来问题，导致附近居民备受噪声困扰，甚至患上多种呼吸道疾病等一系列问题。

作为一家健全的以利润最大化为目标的企业，公交公司必须决定车辆应该排放多少污染物。若对车辆的污染状况置之不理，则它的工作人员、车辆和办公楼都将遭殃。另一方面，如果对进出车辆所排放的每1单位废气和每1单位噪声都加以清除的话，则需要付出沉重的代价——公交车换装使用天然气甚至电力驱动的发动机之类。完全彻底的净化费用肯定太大，足以让公交公司无法在竞争市场上生存。于是该公司的经理会选择一个均衡水平以减少污染。在该水平，公交始末站从多净化1单位污染或"污染减少1单位"（私人的边际收益）中所获得的效益，正好等于多"减少1单位污染"所增加的成本（净化的边际成本）。在这个水平上，公司的私人边际收益正好等于净化污物的私人边际成本。

我们现在了解了污染和其他外部性如何导致了经济无效率的产生；在没有管制的地方，企业会采用使净化污染的私人边际收益等于净化污染的私人边际成本的方法，来决定利润最大化条件下的污染水平。当污染外溢出去的影响很严重时，私人均衡水平势必缺乏效率，从而导致很高程度的污染和很低水平的净化行为。

（三）符合社会效率要求的污染

在私人控污决策缺乏效率的条件下，能否找出更好的解决办法呢？是否应该彻底禁止污染呢？是否应让受害者与制造污染者谈判或对污染者起诉呢？是否存在一种可操作的解决办法呢？通常，经济学家们通过平衡社会成本和收益的办法来确定符合社会效率标准的污染水平。更精确地说，效率是指控污的社会边际收益等于控污的社会边际成本。在这个水平上，减少1单位的污染所增加的国民健康和财产的边际收益正好等于相应的减少1单位污染的边际成本。那么有效的污染水平该怎样确定呢？经济学家提供了一种方法叫做成本—收益分析，效率水平由一种行为的边际成本和边际收益的均衡来决定。当边际成本等于边际收益的时候，经济行为的结果是最有效率的。同时，成本—收益分析说明了为什么"无风险"或"零排放"政策通常是很浪费的。将污染降低到零将会使控污成本上升为一个天文数字，而减少最后几克的污染物所带来的边际收益却少得可怜。而在有些情况下，要达到持续零排放几乎是不可能的。换句话类比一下，按照零风险原则，机场、公交始末站就应当关闭，所有的汽车交通也应当被禁止。现实中通常的情况是，经济效率要求达成一个折中方案，即产业的额外产出的价值正好同额外污染的损失相均衡。

二、运输的外部性分析

由于研究目的的不同，对于运输的外部性有着不同的分类。如根据外部性的不同性质,可以分为运输外部经济和运输外部不经济;根据不同的运输方式,可以分为铁路运输外部性、公路运输外部性和航空运输外部性等;根据具体的内容,可以分为环境污染(如大气污染、水污染、噪声污染等)、交通拥挤、交通事故等;根据运输外部性产生的不同原因,可以分为运输活动产生的外部性、运输基础设施存在而产生的外部性等。由于视角与界定范围的差异,在讨论运输的外部性时存在着很多争议。

(一)运输基础设施产生的外部性

运输设施供给的外部性可以分为正外部性和负外部性,正外部性通常也是政府作为运输设施供给者的主要原因:①运输设施通常用于公共服务,例如基本的社会沟通、军事目的以及其他社会目的;②运输设施有利于促进边远和不发达地区的发展,有利于平衡地区间的收入分配;③可以通过系统的运输网络规划实现国家开发利用能源的目的。而运输设施供给的负外部性则包括:①土壤和水污染,土地表面风化;②生物圈、生态多样化和自然栖息地受到干扰;③人类沟通被隔离;④视觉障碍。

对于上述观点的主要争论集中于正外部性,认为当供给者身份不同时期能否作为外部性是存在差异的:如果供给者是政府,那么上述三个方面的正外部性是政府决策该运输项目必须考虑的内部效益,也是该运输项目得以建设的主要需求源,特别是其已经在该运输项目费用效益分析时计算在内了,如果仍然将其算做外部性则属于重复计算。但是如果运输基础设施的供给者是私人,那么问题就不一样了,因为私人仅仅考虑该项目所能带给他的私人收益和私人成本,而上述正外部性并不能纳入该私人供给者账户,因此是外部性。

(二)运输活动产生的外部性

运输设施使用的外部性也包括正外部性和负外部性。关于运输设施使用的正外部性存在两类截然不同的观点:一种认为人们选择该种运输方式的原因是可通达性提高和成本降低(时间节约等),这些可以在费用效益分析中考虑,因此运输设施使用不存在正外部性。另一种相反的观点则是比较宽泛的,将运输设施产生的新的消费和新型物流组织均计入其正的外部性。最近又有观点认为,运输设施使用的正外部性是显著的,可以分为金钱正外部性和技术正外部性。金钱正外部性是指因运输成本降低导致的：劳动力市场扩大、产品市场扩大、智力投资、想象力和自信、开发领土、支付效益以及降低医院成本等；而技术正外部性主要是指由于运输设施提供了便捷快速的运送病人的条件而使病人减少的痛苦和伤残程度。

运输设施使用的负外部性主要有四个层面：

一是交通拥挤所带来的额外时间和运营成本，即拥挤成本。关于拥挤成本是否是运输设施使用的负外部性，持不同划分界限观点的人给出的答案是不同的：如果以供给者"账户"为界，则交通拥挤成本一部分由供给者承担，一部分由使用者承担，前者无疑是"账户"内的，不构成外部性，而后者则是"账户"以外的，可以算做负外部性；如果以运输产品交易系统为界，在不考虑拥挤带来的大气污染等因素的前提下，拥挤成本分别由交易活动的双方（供给者和使用者）分担，虽然分担比例因运输产品交易契约安排的不同而有所差异，但仅是系统内的现金流转移，属于系统内部性。关于拥挤成本属于内部性的观点由以"市场机制或价格机制"为界限划分外部性的派别重新解释为，过度拥挤的运输设施并不是公共物品，而是俱乐部物品，其已经具备了私人物品的主要特征。因此，其配置可以通过市场法则组织，无论是谁（政府或私人）供给运输设施，都可以根据拥挤程度和支付意愿征收不同的使用费，这样拥挤外部性就消失了。

二是运输设施供给中没有涵盖的费用，即纳税人与使用者的现金流错位。这种观点的主要立论依据是，运输设施通常是由政府供给，政府资金来自于纳税人，因此，纳税人是真正的供给者。但是使用运输设施的人群仅是纳税人中的一部分，甚至一些没有履行纳税义务的人，这样使用者无意中将一部分使用费用转嫁给了那些没有参与运输活动的纳税人，即第三群体，使他们无意中受到影响，这种现金流的错位部分就构成负外部性。但是新的相反的观点认为，运输设施投资决策是由纳税人的代表——国家做出的，存在这种错位可以事先预料；或者如果运输设施建设的基本目的不是经济性的而是为了改善社会条件，那么这部分费用应该被看做是公众的自愿负担，而不是外部影响，即不是负外部性。

三是与运输活动相关的环境影响,包括噪声、大气污染、气候变化、邻里之间交流割断、水和土壤污染以及运输设施运营带来的不舒适感和损害等。

四是交通事故造成的人力资源损失,这里的运输负外部性即事故成本主要表现为交通事故造成人员伤亡的损失,其具体计算公式为:事故成本＝人员伤亡损失额－意外伤害保险偿付额等。

三、运输外部成本的评估与量化

(一)外部成本计量的复杂性

很少有人会怀疑未受污染的环境对人类来说很重要,有效的管制通常都要求管制者能够确定外部性影响的货币价值。例如,如果污染排放费能根据社会边际成本和社会边际收益来确定,则我们显然就必须计算出污染的社会危害。如果受影响的是市场物品和服务的话,则危害的测量相应地也就会比较直接;如果新建一条马路需要拆掉某些人的房子,则我们也可以计算出替代住所的市场价值。

但是,计量非市场部分的价值确实是一个难题,运输外部性研究的主要问题就源于许多损失无法在市场上标价。困难首先在于其影响的角度和范围可能是非常多非常大的。许多运输外部成本都是直接对周围产生影响的,例如拥挤、噪声、振动和引起人们呼吸和视觉障碍的排放物等,但也有一些外部影响会在较长时间以后才反映出来,例如污染物对人体的其他有害影响、某些污染物对当地植物或建筑物的损害等。在国家级或跨地区的层次上,一些污染物包括引起酸雨的氮氧化物和硫等气体,对水体的污染等,会在相当大的范围内扩散,危害远离污染排放地点的林地和湖泊,但这种作用一般需要一定的时间和累积,往往不是立即就出现的。特别是大量二氧化碳的排放会引起温室效应,改变全球气候,加快荒漠化和海平面的上升,氟利昂等有害物质的过度使用则破坏大气中的臭氧层,这些都是更为长期和更大范围的影响。运输外部成本这种在多时空层次上的多样化影响,使得对这些影响的评估和币值计算变得十分复杂,而且必然增大了有关政策制定的难度。目前运输外部性的评估方法一般只局限于在较低的区域级层次上使用,对于跨地区或国家级层次的评价或计算,这些方法已经很难适应。

运输外部性币值计量的另一个重大难点是,物理性的外部影响与其货币估价之间的联系在很多情况下并不是直接的,例如计算汽车排放氮氧化物(NOx)对林业造成的影响,就要从测量特定时间和特定地域的NOx排放量开始,到测定这些NOx对一定时期内环境所造成的影响,再到测定有关地区内林木因此而遭受的损害程度,最后才是对林木损失价值的估计。在很多情况下,人们对其中每一种联系的理解都有很多模糊不清之处,因此有时要衡量某一外部性的物理或生化影响本身都很困难,更不用说对其进行价值估计了。在这方面如果再把很多外部性通常具有显著的非线性特征,以及在很多变化或影响过程中会出现的关节点和临界阈值,即从渐变转为突变考虑进去,问题就更复杂了。

(二)运输外部成本计量的方法

尽管存在着这些困难,计量运输活动造成的环境、拥挤或事故成本的方法,近年来还是取得了一定进展,有人把有关的方法大体分成了如下几类:

1. 判例法

之所以用历史判例来从某些方面估价环境的价值,主要理由是应在长时期内保持一致性。这方面的判例是对造成环境损害进行赔偿的法律裁决。这种方法虽然表面上具有吸引力,但却具有严重的局限性。

虽然已有运输供应商,尤其是船运公司赔偿有害污染物泄漏的例子,但法律裁决主要应用于对交通事故中的伤亡的估价。这是因为判例只存在于已确立权利的地方,而这些权利很少扩展到环境方面。即便没有这个实际限制,这种方法的用处也受到多数法律体系性质的限制。法律通常适用于事故中的受害者(包括死者亲属)在他们余生中受照顾的需要。因此,在环境破坏造成死亡的地方,人们不考虑死者的"成本"。同样,对动植物的损害一般不在依法裁决赔偿之列。

2. 规避成本法

运输对环境的许多不利后果可以通过隔离加以减轻,此类隔离或规避的成本可用作对环境价值的评估。双层玻璃窗能减少噪声干扰，安装空调可以减少空气污染的不利影响，为运输基础设施和车辆采用更安全的工程设计标准能降低事故风险。估计环境破坏成本的一种广为应用的方法是使该成本与规避成本相等。

主要问题在于难以从与其他利益有关的笼统支出中分离出为环境原因做出的特定支出，前者如安装双层玻璃（例如减少取暖费用等）或安装空调器（如降低温度）等。隔离噪声也只能是部分地隔离，当人在花园或窗户打开时就不能提供保护了。例如，从安全角度来看，航空业提供了非常安全的产品，但要支付巨大成本。就其所挽救的潜在生命而言，每一条生命的隐含价值要比在公路上挽救一条生命高很多，在公路运输中，人均安全支出要低很多。

3. 显示性偏好法/享乐价格法

在某些情况下，环境资源的消费者通过自身的行为，含蓄地显示他们对环境资源的估价。他们牺牲一些金钱利益作为交换来限制资源环境的使用或者获得一些环境利益。典型的例子就是人们愿意多付钱而住到远离喧嚣的机场、公路的地方，或者出高价住远离繁忙街道的旅馆房间。因此，交通、震动、噪声和其他污染超过一定水平，就会使暴露在其影响下的有关住房等不动产价值遭受贬损，该方法就是根据住房等市场价格与环境质量方面的联系，推断交通污染所引起的环境成本。

4. 旅行成本法

新的运输基础设施会破坏以往无偿提供的休闲、娱乐场所，如公园、钓鱼台等。因而人们去这类场所享受自然乐趣，要花费可以计量的旅行成本，包括时间和金钱。可以利用这种信息来对此类设施的价值有所了解。

这一方法的主要用途是评估特定类型环境影响的价值，但在含多个环境因素和人们愿意对各种因素逐个评价就不大适用了。

5. 表述性偏好法

既定偏好法（在环境著作中称为偶然事件评价法）不是通过观察实际交换情况来给环境成本定值，而是力求从个人在遇到特殊情况时所做的交换中引出信息。使用的最广泛的方法是问卷调查法，即询问有关的一组人，如果发生预先明确的运输造成的环境破坏，他们需要什么补偿以保持现有的福利水平，或者他们愿意付出多少代价来阻止破坏的发生。问题设置在惯例范围内（以便利于表明设计哪些筹资方法），而且为了提供市场框架，询问者首先提出一个起始"标价"来开始调查，由答题者对此做出回答。所提问题必须细致地表述，以确保假设的交换清楚明了，并尽量使这种方法可能带来的问题减到最少。

这些评估方法各有自己的长处，也都存在着局限性。很难对所有不同的外部性影响都只使用同一种价值评估手段，因此可能会对不同的外部成本利用不同的定量计算方法，或者可能需要利用一种以上的评估方法。甚至对同一种外部成本，不同的分析人员或在不同的国家所使用的评估方法也不同，计算结论于是也存在很大差别。这里面当然也就产生了问题，就是以不同方式计算出来的运输外部性定量分析结果有时候很难进行简单的比较，也无法相加求和。例如，是否能把从规避研究得出的噪声污染价值和从既定偏好得出的空气污染价值相比较？所以，很多时候会引起人们对其真实程度的怀疑，并影响到其在实际中的应用。

第四节 运输基础设施的经济特性

一、运输基础设施的成本特性

（一）机会成本难以把握

运输基础设施是指那些不能移动的运输设施，如铁道、车站、港口、河道与机场等。我们知道支出并不一定就等于经济成本（或机会成本），运输基础设施的经济成本应该是被用于该设施的资源在被其他次优方式使用时的价值。最理想的情况是政府在建设或提供运输基础设施服务时为所使用的土地支付了相应的市场价格，并按自由市场上的价格购买原材料和施工设备，并支付使用劳动力的工资，那么费用支出就与机会成本十分相近。

如果是政府对运输基础设施所占用的公有土地不付费，这会造成运输基础设施成本的低估。例如，机场建设的债务合同一般都会在 25～30 年之内付清，这之后机场当局就不需要继续为其土地和建筑物付费，这样，机场所使用的土地价值往往就不能正确地计算到机场的经济成本中去。如果考虑到通货膨胀等因素，土地和建筑物的成本实际上是在上升的，因此老机场显然会比新机场享有更低的成本优势。目前尚没有对机场经济成本实际低估程度的研究成果，但由于机场一般占用的都是区位很好的地点，这些土地如果转做工业或商业用地均能取得优厚的收益，因此机场土地的机会成本应该是远远高于其在会计账户上的价值。

而从另一方面看，不能移动的运输基础设施只是与特定地理位置的运输市场相关，在运输基础设施领域的投资一般只能增加特定地理位置或区域的运输能力，而并不能同时增加整个运输系统的运输能力。因而在运输基础设施方面的投资大部分是沉淀性的，其机会成本又往往被高估。直到目前为止，还没有特别明显的证据能够帮助我们轻易地判明究竟是低估还是高估了某运输基础设施的机会成本。

（二）固定资产投资巨大

1998 年以来，我国的高速公路年均通车里程超过 4000 公里，年均完成投资 1400 亿元，平均每公里造价高达 3500 万人民币，投资数额巨大。但投资巨大并不意味着固定基础设施在运输总成本中的比重就很高。例如，如果把用于公路固定设施的费用与公路运输的其他费用进行对比，则每年用于道路的费用要少于用于燃油和用于车辆的费用，它只占全部公路运输费用的 10% 左右。

空中交通管制系统和用于飞机起降以及登机、转运服务的机场设施加在一起，就使得航空业在对固定设施的依赖方面比原先人们所预料的要大。但由于这些固定设施大多是由政府提供的，所以航空公司的固定设施成本比重与公路运输相似，并不算高。

普通的双线电气化铁路造价（包括配套设施），一公里的造价要几百万至上千万，工程环境较为艰难的线路造价会高很多，例如青藏铁路平均每公里造价在1000万元，2008年开工建设的兰渝铁路每公里造价约为1亿元，而全长1318公里的京沪高铁总投资规模高达2209亿元，折合约1.68亿元/公里。参考其他国家的经验，铁路在固定设施方面的费用开支大约是总运营成本的17%，这高于公路运输，因此与公路相比铁路是固定设施成本更为密集的运输方式。

水运涉及两种固定设施，即改善的航道与港口设施。海运业一般只使用港口设施，而内河水运则同时与航道改善的关系十分密切。美国每年在航道与港口的工程及维护方面花费的固定设施成本在内河航运的总收入中占到60%，在包括内河与沿海航运的总收入中占30%。如果这样看，水运将是固定设施成本比例最高的运输方式之一。然而，由于政府在这方面的开支带有补贴性质，航运公司并不需要全部支付这些固定设施成本，因此实际情况是轮船公司的固定设施成本比航空公司还要低些。相比之下，深吃水船舶对港口设施的要求更多些，有资料表明港口费用约占远洋海运总成本的15%，约占沿海船舶运输总成本的12%。总起来看，水运的固定设施成本比重低于铁路，但高于公路和航空运输。

航空业由于其比较低的固定设施成本和机场公营，似乎是一个比较容易进入的行业，但实际上进入难度比预想的要大，其中的重要原因就是在机场设施租用方面，航空公司与机场之间的长期合同关系。航空公司与机场之间的关系不是零星和即时的市场交易，航空公司要与机场当局签订长期契约，以便近似固定地租用机场的登机手续办理柜台、登机门和候机场地。已有的航空公司无疑希望占有机场中最好的位置，并且希望在机场的扩建计划中为其航班取得更有利的竞争优势。而在一些能力比较紧张的机场，高峰期会出现跑道和登机门拥挤的状况，已有的航空公司在某种程度上也可能不希望扩大机场能力，以避免出现新增加的竞争者。现有航空公司在占据有利位置和影响机场当局的决策等方面，都增加了新航空公司的进入难度。

（三）成本难以归依

1. 运输基础设施成本的归依

运输基础设施成本分析的另外一个难点是运输费用的难以归依性（non

—assignable)：无论是运输的边际成本分析还是增量成本分析都会产生一个问题，就是有些运输费用的发生无法归依到某一位具体旅客或某一批具体货物的运输上。下面我们以公路成本为例看看哪些成本可以归依，哪些成本是难以归依的。

2. 与载运工具有关的公路成本

公路基础设施成本中的三项主要内容，即资本支出、维护支出和安全费用，都与交通量的变化及交通组成有一定关系。如果一条公路的交通量不大，而且主要是供小汽车使用，那么该公路的设计与建设同交通量大而且有重型载货卡车通行的公路相比差别就很大。美国国家公路与运输协会（AASHTO）曾经对公路路面铺设厚度、公路的预期使用寿命与汽车轴重等因素之间的关系进行过分析测定，结果有充分证据认定不同车种如小汽车、公共汽车、载重卡车和其他车辆的轴重对公路造成的影响有很大差别，结论是在一定的公路使用寿命要求下，车辆轴重越大，路面的铺设厚度应该越大。该协会的研究确定，车辆轴重与路面损坏之间的关系是指数关系，因此通行重型载重卡车的公路比主要通行小汽车的公路需要铺设更厚的路面。路面的宽度则是随通行车辆的混合程度变化，为适应宽型车辆如载货卡车和公共汽车，公路路面就需要比较宽。根据美国运输部（DOT）的结论，为适应载货卡车而加厚和加宽的公路路面费用，约占到新铺设路面成本的50%。公路桥梁需要一个最低的结构强度以支撑其自身重量，当然除此之外桥梁还需要增加结构强度用以支撑通过其上的车辆。允许重型载货卡车和公共汽车通行的桥梁的设计强度，无疑要大于仅允许小汽车通行的桥梁，而前者的建筑费用显然也要高于后者。研究结论是，公路桥梁建筑成本的40%是由于适应载货卡车通行而发生的。最后，公路的等级还与路上车辆的刹车特别是爬坡所需要的性能有关。为了保证车辆能够平稳行驶，公路的坡度就不能过大，而坡度的设计又在很大程度上取决于车辆的马力与其自重及载重的关系，因此载货卡车在这方面又对公路的设计与建筑提出了更加昂贵的要求。美国运输部认为，公路在坡度方面成本的20%是为了适应载货卡车通行而发生的。由于公路的建筑成本是沉淀性的，一旦公路的设计和建筑考虑了重型车辆的使用标准，那么尽管后来的实际混合交通量中可能并没有那样大比例的重型车辆，它也无法再对已经发生的设计和建筑成本产生节约作用。

3. 与载运工具无直接关系的公路成本

虽然公路上的交通量和车辆结构对公路的影响可能是最为关键的，但有些路面的损坏与交通量没有直接关系，例如气候原因也会发生作用。而且，路面铺设的厚度与质量显然也有很大关系，路面质量越高、路面越厚，车辆行驶所造成的影响越小，当然，公路建设费用会由此提高。此外，公路的维护和修整工作也很关键，公路维修如果被不合理地推迟，路面的损坏速度就会增加，而且一些成本就会转移到公路的使用者身上，因为路况较差的公路会造成车辆行驶速度降低、油耗增加以及额外的车辆修理费用，因此，某些车辆（如超限车辆）对其他车辆可能造成的不良影响程度，在某种程度上也取决于公路部门对路面的维护水平和修复速度。

4. 与载运工具无关的公路成本

此外，还有些公路费用与交通量的大小或交通结构几乎无关，例如路面厚度有其最低限度标准，有些公路维修工作是即使没有车辆通行也要进行的，桥梁有其自身的承重强度要求，公路上的信息指示标志也不随车辆的载重而变化等等。这些大约占到全部公路费用开支的一半，从运输量的角度看它们是难以归依的，或者简单地说，只要保留这条公路，即使不允许任何车辆通过，这些费用开支也无法节省下来。一般而言，在公路的费用开支与不同车辆的分类之间具有非线性和难以归依的关系，而所有可以归依到具体运输量上面的费用开支之和，肯定要小于公路部门的总成本。而且，是非线性的成本关系引起了这种不可归依的费用开支。运输领域中最有趣而且最重要的经济问题中，就包括如何在固定设施的运营中处理这些不可归依的成本。

二、运输基础设施的商品特性

（一）公共物品属性

1. 公共物品的定义

公共物品（public good）是指公共使用或消费的物品或服务。与之相对的概念是私人物品（private goods）。公共物品与私人物品的区别主要不在于生产的方式上或资金来源上，而主要在于消费方式的不同。确认公共物品的标准有两个，即"非排他性"和"非竞争性"。

(1) 非排他性

非排他性，是指某人在消费一种公共物品时，不能排除其他人消费这一物品（不论他们是否付费）；而且，即使你不愿意消费这一产品，也没有办法排斥。例如，你走上一条公路上时，你无法排除其他人也走这条公路，如你不愿意公路上的路灯光照，但只要你走上这条有路灯的公路，就必然受到照射。非排他性还有一层含义，是指虽然有些物品在技术上也可以排斥其他人消费，但这样做成本很高，是不经济的，或者是与公众的共同利益相违背的，因而是不允许的。

(2) 非竞争性

非竞争性，是指某人对公共物品的消费并不会影响别人同时消费该产品及其从中获得的效用，每个消费者的消费都不影响其他消费者的消费数量和质量，受益对象之间不存在利益冲突；同时，增加一个公共消费者，公共物品的供给者并不增加成本，即在给定的生产水平下，为另一个消费者提供这一物品所带来的边际成本为零。例如，国防保护了所有公民，其费用以及每一公民从中获得的好处不会因为多生一个小孩或出国一个人而发生变化。

2. 公共物品的分类

由此，公共物品又可以分为三类：第一类是纯公共物品，即同时具有非排他性和非竞争性；第二类公共物品的特点是消费上具有非竞争性，但是却可以较轻易地做到排他，有学者将这类物品形象地称为俱乐部物品（club goods）；第三类公共物品与俱乐部物品刚好相反，即在消费上具有竞争性，但是却无法有效地排他，有学者将这类物品称为共同资源物品或公共池塘资源物品。俱乐部物品和共同资源物品通称为"准公共物品"，即不同时具备非排他性和非竞争性。公共物品的分类以及准公共物品"拥挤性"特点为我们探讨公共服务产品的多重性提供了理论依据。需要指出地是，公共物品是经济性概念，尤其是准公共物品；同时，它也是一个制度性概念，特别是纯公共物品，它和政治的关系极为紧密，只有当个人让一定权力给国家时公共物品的提供才成为可能。经济和制度共同决定了政府与市场之间的关系，而政府与市场之间的关系才最终决定了公共物品的边界。

3. 公共物品的产生原因

运输基础设施一般具有"拥挤性"的特点，即当消费者的数目增加到某一个值后，就会出现边际成本为正的情况，而不是像纯公共物品，增加一个消费者，边际成本为零。达到"拥挤点"后，每增加一个消费者，将减少原有消费者的效用。如此看来，很多所谓的公共基础设施，也具有准公共物品的特性。那么，如何解释我们身边存在的大量"免费公路"呢？

由于这些公路自身的价值往往并不高，而检测和度量道路使使用者对这些公路使用的交易成本却较高，以至于界定这些公路产权的代价甚至会高于公路产品的供给成本，因此人们选择了免费提供这些公路的产权安排。例如，虽然美国的私有机构在19世纪早期就修建了8000多英里的收费公路，但早期的很多收费道路都面临着使用者逃费的问题，以至于造成了私人收费公路的财务崩溃与公路收费体系的瓦解。这种情况对于我国大部分的乡村公路仍然成立。但对于高等级公路而言，由于逐渐降低的度量和监察成本与相对高昂的公路成本相比逐渐变得可以承受（换句话说，界定高等级公路的产权从经济上看是值得的），从而出现了收取道路通行费这样的公路产品交易方式，公路产权得到了一定程度的界定。

(二) 多维商品属性

1. 运输基础设施的多维商品属性

我们知道，一种商品或服务拥有众多的属性或质量维度，不同商品包含着不同数目的属性。随着生产中分工的发展和技术进步，商品的质量属性也日益复杂。运输基础设施产品也不例外，以公路基础设施为例，除了较为明显的公路长度、宽度、坡度等属性外，路面强度、路面抗滑性等也日益成为重要的公路属性。因此，公路是一组包含多个质量维度的商品。

在新古典经济学的完全信息世界里，商品的所有方面都可以被无成本地度量和索价，因此标准的经济理论往往忽视了质量的多维性问题。通常把商品当做只具有一种属性的同质实体的做法，容易得出这样的结论：商品要么被拥有，要么不被拥有，不存在任何所有权的中间状态，这种把经济权利等同于法律权利的观点似乎是有根据的。但是，权利从财产获益能力的意义上来说，很大程度上是一个经济价值，而不是法律概念的问题。人们可以界定产权，可以按照对自己最有利的原则决定把产权界定到什么程度，在此意义上可以说，产权总能得到最好的界定。然而，放宽基本微观模型完全信息假设的后果之一就是使我们开始注意到大部分商品的质量多维性（对于公路产品来说，除了直观的由路面宽度、车道数等表征的车辆通行能力之外，还具有其他一些重要的质量维度，例如由路面厚度与路基、路面强度等指标表征的道路承载能力；由道路线型、坡度与标志标线的状况表征公路行驶的安全性，等等）。

2. 多维商品属性的产权界定

由于商品属性很复杂，其水平随商品不同而各异，测定每种属性都要付出成本，因此不能全面或完全精确。面对变化多端的情况，获得全面信息的困难有多大，界定产权的困难也就有多大。同时，对产权的界定要消耗资源，完全界定的成本是非常高的，因此产权从来不可能得到充分的界定，而是更多的处于部分界定的中间状态。对于既定商品的不同属性的权利，或者对于一笔交易的不同属性的权利，并不全是同等地加以明确界定的。

这样，由于产权界定的困难，商品的一些属性归某所有者所有，其使用效率可能会很高；但这并不能保证，当该商品的另外一些属性也归其所有时，其使用效率必然也很高，即各种属性均归同一所有者所有不一定最有效率。虽然法律一般并不禁止所有者在其商品的每一属性上收取边际费用，但实际上，如果商品的初始所有者只转让商品的一部分属性而保留其余部分，那么来自交换的净得益往往会出现增加。因此，有时人们会把某一商品的各种属性的所有权分解开，分配给不同的所有者，采取这种形式的交换导致单一商品的分割的产权：两个或两个以上所有者可以拥有同一商品的不同属性。就某些属性来说，如果所有者认为他们部分权利的行使成本太高（收取边际费用的成本包括度量或测量和监督的成本），而收益低于成本，甚至会选择将它们置入公共领域，这使得商品的一些属性成为公共财产（从产权经济学的视角来看，并非人们没有意识到这些资产的产权，而是由于高昂的交易成本，使得人们不愿去其界定产权，于是这些财产就被留在了公共领域）。

（三）互补性与替代性

运输基础设施最基本的组成单元是线路和节点，当节点之间存在着不同的线路时，这些线路和节点就构成了一个网络。运输基础设施网络的相互连接和合作是其网络经济性的基础，同时也决定了网络中各节点的竞争地位。

运输网络整体效率的提高有赖于网络中各个主体的合作，线路的"互补性"是指前后相继的线路通过节点连接起来，将大大增加各个节点空间交往的机会。网络可以通过允许供给者享受密度经济和范围经济产生成本的节约。许多航空公司的轴辐式航线网络就是这样的例子。同样，从使用者的角度看，较大的网络通常能提供较多的选择，例如，连接进入一个大的电信系统比属于一个小的通常更加受益。铁路的网络经济性是指当铁路线路成网及路网密度增加时，由于扩大运输需求范围、调剂各线路负荷从而提高整个路网的利用效率。例如，当两条互不相连的线路端线连成一体时，将大大增加两线路之间的过境运量，提高整个路网的利用效率。

运输基础设施网络的"替代性"是指当两个节点被不同的线路或网络连接时，不同线网可以开展竞争，其间的差异性带来了一定程度多样性，将增加消费者选择的余地并有利于提高消费者的福利。因此，任何单一网络的管理和调整必须考虑溢向其他竞争或补充网络的相互作用效应。网络间的相互作用效应意味着对任何一个网络中的连线和节点绩效的干预都可能影响该网络的其他元素。例如，给某一个特别的公共汽车线路进行补贴不仅可以对与其竞争的铁路服务产生影响而且还有可能通过改变旅行行为冲击其他的公共汽车服务。

（四）规模经济性与规模不经济

运输基础设施的规模经济是十分显著的。然而，我们不应忽视某些伴随而来的规模不经济。以高速公路为例，双向 6 车道高速公路比双向 4 车道高速公路的成本大约高出 30%，而通行能力却可以提高 50% 以上。因此，高速公路在车道数量方面具有规模经济。但是这种规模经济必须与高速公路的辐射范围加以平衡，因为随着高速公路车道数的增加（相同总投资下意味着高速公路里程的减少），车辆抵离高速公路（上、下高速）的平均距离将变得越来越远，这将导致车辆在高速公路两头的开支比重增大。因此，一条高速公路的规模大小应该同时考虑并权衡车道数量的规模经济和抵离路程的规模不经济。

第六章　城市交通经济的协调发展

第一节　交通管控模式与城市公共交通的融合

一、常规公共汽车运营管理

（一）常规公共汽车系统组成

常规公共汽车系统，具有固定的行车路线和车站，按班次运行，并由具备商业运营条件的适当类型公共汽车及其他辅助设施配置而成。

1. 常规公交车辆

公共的交通车辆也就是我们所说的公交车，按照动力推进的系统差别可分为汽车、柴油、新型混合动力、环保型压缩天然气（compressed natural gas，CNG）等公交车以及无轨电车等。尽管柴油公交车易保养、油料价钱低且有充足的动力，但其不足的是所排的废气较多且噪声大。而以电力作为驱动装置，运行速度快，且平稳的无轨电车的建设又要以架空的输电设备为前提，同时其不仅要较高投资费用及营运的保养资金，还必须在有架空线的区域才可运行。而低排放量、燃料费也不高且发动机耐用的CNG客车，如若想要使用效果达到最佳状态就必须使用专用的发动机才能实现。

2. 常规公交线路的分类与线网结构形式

（1）公交线路分类

公交线路分类见表6－1。

表6-1 公交线路的类别

标准	类别	主要功能
按运营时间特征分类	全日线路	公共交通主要线路类型，承担绝大部分客运任务
	夜宵线路	联系交通枢纽、医院、工厂和住宅区，保证城市昼夜延续的各类活动的正常进行
	高峰线路	主要为职工上下班出行服务，联系大型住宅区、中心商务区、工业区，营业时间在早、晚高峰数小时内
按计价方法分类	一票制线路	通常为市区行驶的路线，路线长度一般控制在12千米以内
	分级计价线路	一般使用在郊区线路中
按车型车种分类	汽车线路	汽车可以在任何区域行驶，线路设置灵活、易于调整，可以达到较高的覆盖率，投资造价和运营成本低，设施用地的分布也比较灵活
	电车线路	电车具有良好的启动、加速、过载性能，无排放污染，且操作简单、噪声低、耗能少，适宜在交叉口间距小、红绿灯多的市区繁华地区行驶，但由于电车需要架空线和变电设备，线路开设投资较大，线路走向不容易调整，线路或车辆故障容易引起道路阻塞
按运营特征分类	普通线路	站距较短，运营车速一般为12~16千米/小时
	快速线路	布置在公交客流走廊上，在专用车道上行驶，采用容量较大、动力性能较好的车辆，站距较大，运营车速可以达到20千米/小时以上

(2) 线网结构形式

公交线网形态受局限的地方是在于城市的形态以及路网的状态，并且还有场站的条件、交通的需求以及车辆的条件还有效率等各个因素所决定。常规公交线网通常有6种形式：

①单中心放射型线网，这是公交线网的早期形式，适用于较小的城市以及卫星城镇于大的城市中，乘客不需过多的进行换乘，对于市中心的往返较为简单、方便，同时对于调度的管理也很便利；

②多中心放射型线网，这种线网同样具有单中心放射型线网的优点和缺点，但主要适用于中小规模城市，特别是有老城和新城两个中心的城市形态，中心成为公交换乘枢纽，并且在多个中心之间形成公交客运走廊；

③带有环线或切线状线路的放射型线网，单中心线网随着城区扩大，会逐渐衍变为带有环线或切线的放射型网络，直达出行率高、便于换乘，但往往场站用地较难解决；

④棋盘式线网，棋盘式线网通常只需换乘一次车就能到达目的地，线路调整便利；

⑤混合型线路，其以路网的条件以及城市的布局为布网的依据，使交通组织起来更为便利，多用于大中型且没有轨道交通设施的城市，公交线网多采用中心区为棋盘式线网、外围是放射形线网的形式；

⑥主干线和驳运线结合的主辅型线网，主干线和驳运线结合的主辅线网是由两类功能和服务水平不同的线路组成，这种形式的线网能最大化地利用客位，利用发车间距来对主干线以及驳运线进行所需服务水平以及运力的调整，一般适用于的城市是交通线路中有大运量的轨道，以驳运线为其公交线路于地面，而快速大站的公交线路于公交车专用道上也可布置于主干线。

（3）常规公交场站

公交场站若依据服务功能和服务对象来划分，可以分成首末站、维修保养场、枢纽站、培训场地、中途停靠站、附属生活设施还有停车场，经常有一处场站兼具功能的情况，而这种场站就叫作综合场站。

3. 常规公交的运营服务的重要性

城市公交系统应以运营服务为中心，竭力提供给乘客快捷、安全、舒适、准点的乘车条件，根据乘客流动的现实需要，以确保具有一定行车间隔以及行车时间为前提，周而复始地运行。为了满足客流变化过程中的需求，要巧妙地调整车辆的使用情况，针对时间、季节、流向、区段这些客流变化情况的不同，用时间去积累信息，从而掌握客流的规律，不断优化运营服务。

（二）常规公共汽车系统规划

1. 常规公交线网规划

（1）常规公交线网规划的影响因素

对于规划城市的公共交通来说，其需要注意的地方以下面六要素为主：①城市客运交通需求。其所囊括的有数量、分布以及出行路径的选择，规划公共交通线网时受它的影响较多；②道路条件。一般来说，公共交通线网其基础是道路网，不过并不是所有道路都能适应公共交通车辆的行驶，应考虑到道路的容量限制、几何线形、路面条件；③场站条件。首末站能约束公共交通线网规划，还可以经过优化线路之后，依据路线设置的车辆来决定首末站还有它的规模。一些公共交通车站还可在线路确定下来后，以实际情况为依据，即车站的长度是否有所局限以及站距是否最优等情况，再做最后的确定；④车辆条件。以下车辆条件可以影响线网规划：车辆数、操作性能（如转弯半径、车速、加速能力等）、载客指标（如额定载客量、座位数、站位数等）和车辆物理特征（如车长、宽、高、重等）；⑤效率因素。效率因素指公共交通线网单位投入（如每千米、每班次等）获得服务效益，反应线路效益的指标有每月行驶数、每车千米载客人数、每车千米收入、运营成本效益比等；⑥政策因素。如服务水平管理、车辆管制与优先以及漂江管理等这些皆为交通管理的政策、像对于边远居民的出行需予以照顾即社会公共保障的政策、还有土地发展的政策都与城市公共交通系统密切相关。

（2）常规公交线网规划的一般方法

现状调查。现状调查主要是对城市人口出行方式与出行次数等情况进行的调查，此外还需要城市流动人口出行 OD 调查、城市居民出行 OD 调查等，而且还不能缺少对城市交通规划以及发展规划全面且综合性的了解与掌握。

公共交通客运 OD 分布预测。其 OD 的工作内容有：①对于出行发生与吸引量的预测，通常根据以家庭为基础单元的出行生成率进行预测，从而对各个交通小区的出行生成量进行预测，在获得现状出行生成之后，依据城市总体规划以及人口发展趋势，获得规划年的小区出行发生与吸引量；②对于交通出行的分布的预测，依据居民出行现状的 OD 矩阵还有规划年各交通小区的出行产生与吸引量，可以使用一定数学方法，来获得规划年的 OD 分布，在选择交通分布预测方法时，Fratar Method（福莱特法）的双约束重力模型法是较具代表性的；③居民选择公共交通方式的出行量预测，进行公共交通方式的出行量即交通出行分担预测的交通方式选择模型可以分为两类，第一类是集计方法，它以统计学为基础，统计处理交通分区中的家庭或者个人的调查数据，标定方式选取模型中的参数，第二类是非集计方法，它以概论率为基础，将个体原始资料不经任何处理而直接用于模型的构造。

由交通部门对居民进行调查访问，即目前什么样的出行方式是居民所钟爱的，同时未来，居民们又希望有怎样的出行方式可供其选择，将两份调查报告综合起来，所得出的结论，便可知如何分布公共交通客运的 OD。

2. 常规公交场站规划

在城市的公共交通系统中，公交站是非常重要同时也是非常基础的一项设施，保障着公交事业的顺利发展。在对其进行规划和布局设计时，要充分考虑到居民的出行是否方便，同时也要结合本区域公共交通的特点，还有公共交通的车辆数、车型、服务半径，以及所处地区的用地条件。场站规划设计主要是场站选址和建设用地规模的确定。

（1）公交场站类型

城市公交场站有两类：第一类担负公共交通线路分区、分类车辆维修的公交场站，一般被应用为停车、车辆保养和综合管理的中心停车场，也可以作为保养场，专门用来给车辆做保养，或者是作为修理厂，专门用来给车辆进行大型的维修；第二类指一些公交枢纽站、公交起始站、公交终点站、以及中间停靠站等这些在公共交通系统中起调度和换乘作用的站点。

（2）公交停车场

停车场主要是给线路运营车辆在人们下班之后提供合适的停放场地、空间以及必要设施，并且按照规定对车辆进行浅层保养还有重点小修工作。停车场用地面积的确定依据是保证停放饱和时，公交车可自由出入而不受停放车辆的影响。根据以往经验，对于停车场的规模来说，通常适合停放 100 辆铰接式运营车辆或者停放 200 辆标准车辆，其规划用地按每辆标准车用地 150 平方米计算。

（3）公交保养场

保养场主要是进行运营车辆的高级保养以及相对应的配件加工、燃料和材料的贮存、分发等作业。保养场可以被分为三种类型：小型保养场（年保养 200 辆）；中型保养场（年保养 300～500 辆）；大型保养场保养中心，年保养能力超过 500 辆。对于保养场的规划用地，若根据所承担的保养车辆数来计算，一般情况下每辆标准车要用地 200～250 平方米。

（4）公交枢纽站

3 条以上主要公交线路的首、末站，或与其他重要交通设施的交汇处，以及多条公交线路交汇处可建公交枢纽站，并停备一些车辆。应该由枢纽站的功能来确定公交枢纽站的用地规模，一般情况下，用地规模为 120 平方米/标准车。

（5）公交首末站

首末站是行车调度人员运营、驾乘人员休息的地方，也是车辆夜间停放或者白天客运高峰过后车辆停放的场所。它的规划包含了规模的确定、出入口道路的设置以及起、终站点位置的选择等。公交首末站的规划用地面积按照每标准车用地 90～100 平方米来计算，通常取 1500～3000 平方米；其位置选择除了满足用地要求外，要尽可能地让乘客处于以该站点为中心、以最多不超过 700～800 米为半径的服务范围内；其规模按该线路所配营运车辆总数来确定，通常情况下配车总数（已折算成标准车总数）超过 50 辆的属于大型站；25～51 辆之间的属于中型站；不超过 25 辆的属于小型站。

（6）公交中途停靠站

公交停靠站点是最基础的城市公交设施，它是联系乘客和公交运输服务最基本的纽带，也是实现公交系统服务过程中必不可缺的重要环节，若想对乘客进行服务，必须要求公交车辆在此停靠，而乘客也必须要在这上下车才能完成出行目的。

（三）常规公共汽车调度

1. 城市公交运营调度的内涵

城市公交运营调度是指城市公交企业根据客流的需要和城市公交的特点，通过制定运营车辆的行车作业计划和发布调度命令，协调运营生产的各环节、各部门的工作，合理安排、组织、指挥、控制和监督运营车辆的运行和有关人员的工作，为乘客提供安全、方便、迅速、准点和舒适的乘车服务，最大限度地节省人们的出行时间，同时为完成企业的营运计划和各项经济技术指标而开展生产。

根据车辆运行作业计划的需求，结合现场实际情况，有效恰当地指挥、调节、控制车辆的运行，并确保客运工作能够按量、按时、按质地完成，是运营调度的主要任务。

2. 城市公交运营调度

按照调度内容和目标的不同划分，可分为：①静态调度主要是确定线路人力、车辆及发车计划，其目标是在运能供应和满足客流需求的条件下，提高效益，尽量提高运行车公里和车速；②动态调度，根据道路交通情况、车辆运行状况、突发事件及其他实时信息，修改规定的车辆运行时刻表，以保证车辆准点率、行车间隔，维持设定的服务水平。

城市公交调度机构的设置可以根据城市规模的大小、公交企业的设备状况因地制宜建立二级或三级调度制，大城市由于公交线路较多，车辆、人员多，一般实行三级调度体制，中小城市则实行二级调度体制。可分为：①一级调度是公司总调度，由公司分管营运的副经理兼任主任，另设副主任若干名，负责全公司的营运调度管理工作；②二级调度是分公司（车场）调度，由副经理（场长）兼任主任，另设副主任若干名，负责场辖路线的营运调度管理工作；③三级调度是车队（线路）调度，由车队副队长任组长，副组长一般由线站调度长兼任，负责现场调度指挥。

3. 城市公交运营调度的职责

①静态调度。静态调度的主要任务为在给定客流需求条件下，计算投放运营车辆；对驾乘人员、车辆进行调配；编制运行作业计划，根据客流在不

同季节、时间段的变化要求，确定发车间隔，并保持车间隔均衡。

②动态调度。动态调度主要是进行实时调度，根据线路、车辆及客流等信息对已经确定的调度方案进行实时调整，包括线内调度或跨线调度；对车辆实施运行监控和电子站牌实时信息显示。通常在终点站进行线路实时调度。应用枢纽站计算机辅助调度系统是为了实现多线路无纸化调度与实时自动调度、节约管理成本、提升调度的科学性以及劳动效率。

③一级调度。负责全市范围内客流调查的组织与调查资料的汇总分析，并进行预测，掌握全市区域性的客流动态及发展趋势，提出新辟、调整营运路线计划，以及改善停靠站服务设施的建议方案；制定编制运行作业计划的规范与调度制度；制定全市性大客流的专用方案，及时组织实施，并有权调度各场车辆；协调场际跨线联运业务，制定两场两点出车等调度方案；审核各车场的行车作业计划和调度措施，并督促执行；随时了解和掌握各场、各条路线运营计划的执行情况，发现问题及时处理，并提出改进措施；建立营运调度方面的信息系统，包括原始记录、台账、统计报表等，做到及时、迅速地反馈传递，检查全公司服务质量，并将营运调度方面的经济指标执行情况向计划部门提供准确的资料。

④二级调度。所辖营运区域内的客流调查与调查资料的整理分析，掌握区域内客流动态，特别是"三高"（高峰时间、高单向、高断面）客流量的资料，作为编制和调整行车作业计划的依据；编制所辖区域内的行车作业和调度措施，经上报总调度室审批后下达车队执行；制定管辖区域内的大客流调度方案和措施，并组织贯彻执行；调派所辖线路的执勤人员（驾驶员、售票员、线站调度员）和营运车辆，随时了解和掌握所辖线路的营运情况，发现问题及时处理，做出临时性的改道、线路延缩和迁站的决定；检查所辖区域的服务质量，定期综合上报行车作业计划及各项定额指标的执行情况。

⑤三级调度。所辖营运区域内的客流调查和资料的管理分析与汇总上报，随时了解所辖线路沿线主要单位职工上下班及"三高"动态；参与编制所辖线路的行车作业计划和调度措施，并切实贯彻执行；在客流发生变化时，按调度管理责任制规定，有权机动灵活地增加和减少行车班次，报停车

辆应及时向车场调度室汇报；遇行车秩序不正常时，应积极采取措施，及时恢复行车秩序，保证车辆正常运行；具体处理所辖线路临时性的改道、路线延缩和迁站等事项；⑥检查所辖线路的服务量，定期上报本队行车作业计划及各项定额指标的执行情况。

4. 城市公交运营调度的形式

车辆的调度形式是依据客流的时间、方向、断面等要素的特征，所采用的运输组织形式。在城市公共交通运输中，采用合理的调度形式，有利于乘客拥挤程度的减轻，车辆与路线负荷的平衡，路线负荷、运输生产率、运输服务质量、运输生产率质量的提升，还有益于发展城市公交。

(1) 按照车辆工作时间的长短与类型划分

正班车是指车辆在正常运营时间内连续工作相当于两个工作班，是每条营运路线必须安排的一种车辆调度形式。实行双班制、连续工作，所以又称双班车、大班车。

加班车是一种辅助调度形式。主要是在客流高峰时上线营运的车辆，并且一日累计工作时间相当于一个工作班，也包括临时性的加车，又称单班车。

夜班车是指为满足夜间乘客的需要而开行的班车。一般只在夜间乘客较多的某些干线上营运，班次较疏，定时运行，是衔接正班车的一种辅助调度方式。

城市公交企业以便于按照时间来组织运营车辆的运行为目的，可以将运营车辆的工作时间划分为4节。

(2) 按照车辆运行与停站方式划分

全程车是一种基本调度形式。全程车是车辆从线路起点发车直到终点站止，必须在沿线各固定停车站点依次停靠，按规定时间到达各站点，全程双向行驶，又称慢车。

区间车是一种辅助调度形式。车辆只在某一客流量的高区段行驶。

快车是指为了适应沿线长乘距乘车的需要，采取的一种越站快速运行的调度形式，包括大站车和直达车两种。大站车是指车辆仅在沿线乘客集散量较大的站点停靠并在其间直接运行的调度形式。直达车是快车的一种特殊形式，车辆仅在线路的起讫点停靠和运行的调度形式。

跨线车是客运高峰时间带有联运性质的一种调度形式。跨线车是不受原来行驶线路的限制，根据当时客流集散点的具体情况确定起讫点，以平衡相邻线路之间客流负荷，减少乘客转乘而组织的一种车辆跨线运行的调度形式。

定班车是为接送有关单位职工上下班或学生上下学等情况而组织的一种专线调度形式。车辆按路线定班次、定时间和定站点运行。

5. 常规公交行车作业计划编制内容的确定

（1）行车时刻表的类型

线路行车时刻表是按行车班次制定的车辆在线路上的运行时刻，分线路编制。表内主要列有该线路所有班次的出场时间、从始末站开出时间等。

车站行车时刻表指线路始末站及重点中间站点的行车时刻表，分站点编制。表中规定了在该线路行驶的各班次公共汽车每周转一次的到达、开出该站的时间，行车间隔及换班或休息时间等。

车辆行车时刻表，按行车班次制定的车辆沿线路运行时刻表，分路牌编制。表内列有该班次车辆出场（库）时间，每周转时间内到达、开出沿线各站时间，在一个车班内（或一日营业时间内）需完成的周转次数及回场时间等。

（2）行车作业计划编排的主要内容

行车作业计划编排的主要内容就是根据运行参数，排列各时段车次的行车时刻。应注意的是，在具体编制过程中，若发现有些参数的初算值不符合要求应予以修正，直到符合要求为止。

安排和确定行车班次（路牌）。行车路牌是车辆在线路运行的次序或秩序，车辆的路牌号也称车辆运行的次序号。起排的方法有两种：①从头班车的时间排起，自上而下，从左向右顺序地填写每一次的发车时刻直到末班车；②从早高峰配足车辆的一栏排起，然后向前推算到头班车，这种方法能较好地安排每辆车的出车顺序，也能较经济地安排运行时间，待全表排好后，再定车辆的次序号，并填进车辆进、出场时间，这样比先定序号后排时间的方法要简便一些。

行车间隔的排列。行车间隔必须按车辆周转时间除以行驶车辆数的计算方法确定，不得随意变动，避免车辆周转不及时或行车间隔不均匀，可以通过适当压缩或增加车辆在始末站时间来调节。

增减车辆的排列。线路上运行的车辆是按时间分组，随着客流量的变化有增有减。车辆不论加入或抽出，均要考虑前后行车间距的均衡，要注意做到既不损失时间，又不产生车辆周转时间不均的矛盾，并做到车辆均匀的加入和抽出，这样就能做到配车数量、行车间距虽有变化，但行车仍保持其均匀性。

全程车与区间车的排列。在编制行车作业计划时，由于全程车与区间车的周转时间不等，混合行驶时，不仅要注意区间断面上的行车间隔均衡，而且要求区间车与全程车合理相间，充分发挥区间车的效能，以方便乘客。如果区间断面上的发车班次与全程车无法对等，不能相间行驶时，也要注意配合协调，间隔均匀。

行车人员用餐时间的排列。安排行车人员用餐时间，一般有3种方法：增加劳动力代班用餐；增车增人填档，替代行驶的车辆参加运行；不增车不增人，用拉大行车间距的方法，让出用餐所需要的时间。

(四) 常规公共汽车站务作业

1. 常规公共汽车站务工作内容

常规公共汽车客运站务作业主要是在首末站点组织车辆运行，负责公交场站的服务和站场设施的维护与管理、预防处理突发事件等工作。在车辆每日运行的不同阶段，站务工作的内容重点也不同。

①出场阶段。车辆准点出场是一天营运秩序好坏的首要环节，必须加强对行车人员上班到岗时间的考核，督促行车人员做好出场前的准备工作，包括车辆、票证及车上用品等；掌握行车人员的动态，发现脱班人员及时派预备人员顶岗或者将后车调整行车次序，保证准点出场运行。

②早晚高峰阶段。市民上下班和学生上下学的时间相对集中，线路在周

一至周五的早晚各会出现 2 小时左右的客流高峰时段。线路早晚高峰 4 小时的乘客人次要占到全日乘客人次的 40%。这是经营者提高服务质量和获取经济效益的关键时刻。必须掌握高峰时客流动态、道路交通及行车人员工作等情况，在现场指挥调度车辆，及时修正行车作业计划，确保良好的行车秩序。

③交接班阶段。交接班是一天的中间管理环节。管理人员要注意接班人员准时到岗的情况，如人员脱班时要及时派预备人员顶岗。如一时无预备人员，下班人员应继续行驶，一般以一个往返为限。交接班最佳地点的位置在线路 1/3 左右处，这是最充分利用线路劳动力的地方。

④进场阶段。行车人员对营运车辆，要做好维护工作，发现故障、损伤等及时向修理部门报修。修理部门要加强对进场车的检修，确保第二天车辆准时投入营运。配备公交运营智能化系统的车辆，在车辆进场时，读取IC卡的信息，将车辆一天的营运基本信息读入数据库，如路牌、车型简称、车号等。人工收费的车辆，行车人员需核对票款和有关物品的齐全情况，解交票款；结算好车辆的日运行里程和时间，整理好有关记录。

2. 现场调度的基本方法

行车作业计划编制以后，由于道路通行、运营秩序等因素的影响，要调整行车时刻表，使行车频率、行车调度方法符合客流规律，使各时段、各断面运力和运量平衡。现场调度就是调度人员依据行车组织实施方案的要求，在营运路线的行车现场，结合客流变化和车辆运行情况直接对行车人员下达行车调度指令的工作。其基本任务是确保行车间距，及时恢复行车秩序，灵活调度车辆行驶路线，及时增减车辆与调整运能。

现场调度方法就是按照行车作业计划控制车辆运行，合理分布车辆行车间距，尽快恢复营运秩序，保证车辆均衡载客营运的方法。现场调度可分为常规调度和异常调度两大类。

①常规调度。当全线行车情况基本符合行车作业计划方案，车辆处于正常运行时的调度工作称为常规调度。基本内容分为：督促行车人员提前上车，按时发布开车指令；注意车辆到站状况，调节车辆停车时间，准点发

车；安排好行车人员用餐与交接班事宜，关心车辆整洁情况；调度日志等原始报表记录及时、正确。

②异常调度。当线路因各种原因造成行车秩序紊乱，车辆运行偏离行车作业计划时的调度工作称为异常调度。车辆运行不正常的情况，有时比较单一，有时比较复杂，为尽快恢复行车秩序，提高运输服务质量，常用的基本调度方法分为以下几种：

第一种，调频法（调整行车频率）。是指调整行车间距的调度方法。当线路上客流某段时间内客流增减不是太多，在不增减车辆的情况下，使用压缩或放宽行车间距或两者同时采取的调度方法。客流量减少，增大行车间距，减少行车班次；客流量增大，缩短行车间隔，增加行车班次。

当车辆误点到站且误点时间不超过规定的停站调节时间时，则减少计划的停站时间，提前发车，按原计划准点发车；若误点时间超过停站时间不多，除了提前发车外，还可延后前几个车次的发车时刻，以便使行车间隔均匀。

第二种，调站法（调整车辆沿途停站数）。是指调整车辆沿途停靠站数，增加或减少停靠站点的方法，以加快车辆周转，减少乘客等待时间，解决沿途乘客待运问题的调度方法，即全程车少停站，大站车多停站，直达车重点停站。

第三种，调程法（调整车辆行驶里程）。是指车辆改变原行驶线路的行程，利用缩短或增加行驶里程的方法，即全程车缩短行程，在中途某个站点返回，或区间车增大行驶里程，以弥补高段面运能的不足。

车辆到达始末站误点时间较长，超过全程周转时间的1/3左右时，可采用调程法补偿已经损失的周转时间。有时为了增加某些站点的运能，也可采用调程法。

第四种，调能法（调整线路运输能力）。主要有增加车辆和减少车辆两种方式。增加车辆法主要用于线路的客流突然增高；线路因故需延长周转时间，但又要保持原有车距的情况。减少车辆法主要用于线路客流突然下降；线路发生车辆故障、肇事、纠纷；因客流需要支援其他线路时等情况。

为使加入（抽出）车辆后的车距均匀分布，首先应确定加（减）车的数量、时间和所需影响的范围，然后对原有的车距进行计算调整。

第五种，缩时法。即缩短周转时间的调度方法。采用缩时法的情况：在营运现场，道路交通条件有明显的改善，道路通行能力提高，车速加快；实际客流比计划下降较多，造成车辆中途上下客时间减少，车辆普遍提前到站；交通中断，临时缩短路线行驶等。

第六种，延时法。即延长车辆周转时间的调度方法。采用延时法的情况：在营运现场，车辆运行过程中遇严重的交通堵塞和行车事故；客流增加，乘客上下车时间增多，在营运主高峰时，出现乘客滞站现象；遇冰、雪、雾及暴雨等恶劣气候，车辆通行缓慢。延长车辆周转时间的限度，以该线驾驶水平较低的驾驶员为准。

第七种，调线法（变更行驶路线）。车辆运行中由于某些原因，如交通事故、火警、道路施工等造成车辆不能全线通行，为了最大限度方便乘客，保证线路的继续营运，采用绕道行驶、分段行驶及缩线行驶等方法进行临时处理。当线路运力有余，为支援其他线路，也可采用跨线行驶方法。绕道行驶即临时改变行驶线路，绕过阻塞路段继续行驶。

分段行驶以阻塞地点或路段为界，分成两条行车路线，并重新安排两段线路的临时行车计划，多余车辆抽调在适当地点停放待命。

缩短行程即当受阻路段在线路中的某一端，无其他道路可以绕行时，则可缩短行程，其行车计划需要重新安排。

跨线法用于相邻线路客流高峰时段出现的时间有较大差异，或本线全程与区间、大站之间的运能需要互补时。跨线法能对运能、工时起到充分利用的作用，既解决客流需求，又降低营运成本。

第八种，调挡法。即将车辆的车序号临时重新组织调整的一种调度方法。调挡法主要用于线路车辆故障抛锚、肇事、纠纷、换班及行车人员用餐时。

车辆在出场或首末站发生故障，如能很快修复行驶的，可与后车调换次序营运。高峰时，因营运需要将车辆的车序号临时调整的，一般先控制车距，在高峰之后再恢复行车次序。利用车辆调挡完成行车人员用餐的方法，是有效利用时间、提高工作效率的较好措施。

现场调度需要灵敏的信息反馈，随时准确地掌握现场变化情况，处理问题要机敏果断，采取的调度措施要及时适当，只有根据不同线路的客流特点和现场情况机动灵活地运用调度方法，才能不断提高业务水平。

3. 智能公交调度

在城市公交调度中，为实现对车辆的实时监控和调度，保证公交线路正常营运，很多城市已经开始运用公共交通智能调度系统，动态地获取实时的交通信息（车辆线路信息、GIS 信息、GPS 信息、时间信息、客流信息、安全行车规定信息及路况信息），根据线路客流情况进行实时调度，降低了运营成本，提高了乘客公众的满意度。

智能化调度方法是相对于传统调度方法而言的，二者的区别在于智能化调度方法是根据实时客流信息和交通状态，在无人参与的情况下自动给出发车间隔和调度形式的一种全新的调度方法，二者在调度形式上没有太大的区别。

智能公交调度系统是将先进的 GPS 技术、数据通信传输技术、电子信息技术等有效地集成运用于地面运输车辆管理体系中，建立一个在大范围内全方位发挥作用的、实时、准确、高效的车辆运行和管理系统，是公共交通实现科学化、现代化和智能化管理的重要标志。

二、快速公共汽车运营管理

（一）快速公共汽车系统组成

1. 快速公共汽车交通的内涵

快速公共汽车交通（BRT）是一种公共交通运营中的新模式，这种模式处于传统公交和城市快速轨道交通的中间地带。是以大容量、高性能公共汽电车沿专用车道按班次运行，由智能调度系统和优先通行信号系统控制的中运量快速客运方式，简称"快速公交"。

2. 快速公共汽车交通系统的组成

BRT系统主要由专用道或专用路、车站、车辆、调度与控制系统、运营组织及运营设备、停车场等组成。

（1）BRT专用道

推行了BRT公交的城市，都为其设置了专用车道或者公交专用线，使其能够最大限度地脱离其他车辆所在的可能拥堵的空间，优先享有专用路权，从而能够更好地体现出BRT省时、快捷、高效的优势。BRT专用道是BRT系统构成的最基本要素，也是整个BRT系统的核心部分。BRT专用道按照道路运行形式的不同分为3类，即公交专用路（bus way）、公交专用道（bus lane）和与合乘车共用道路。公交专用路是指在特定的城市道路上，公交车享有全部的、排他的绝对使用权；公交专用道是指在特定路段上，通过标志、标线等画出一条或几条车道给公交车专用，同时，公交车享有在其他车道行驶的权利；与合乘车共用道路是指在特定道路上画出公交车与合乘车共同使用的道路。

（2）BRT专用站

BRT专用站是BRT系统为乘客提供服务的窗口，它具有售检票、候车、上下乘客及行车信息发布等功能，能够为乘客提供安全、舒适的候车环境及快速上下车的服务。

①BRT站点分类。按功能划分，BRT的站点包括三种类型，即首末站、换乘站和中途停靠站。其中首末站的规模是最大的，这个场所需要有足够大的空间来停放车辆，完成对车辆的调试，必要时还要对车辆进行维修。同时需要接待乘客候车和换车，因此，这里还需要配备有必要的生活服务设施；换乘站相对于中途站，规模相对较大，在建设过程中，除了要考虑乘客上下车的功能以外，还要兼顾为乘客换乘其他线路和交通工具提供方便；而中途站就相对简单，规模也较小，只要具备乘客上下车的服务功能即可。

按售验票方式划分，BRT可以分为封闭式车站和开放式车站两种类型。其中开放式车站一般不具备售票、验票功能，不设相应系统，乘客上车后再行购票。这种车站的功能比较简单，建造成本低，维护方面也简单易行。这种车站要求配备电子地图、公交电子查询设备、实时车辆到达信息系统、自动售票机等。封闭式的车站则一般设置有单独的隔离设施，派有工作人员值守，设置有售票和检票系统，实行在车下售票，在车下检票，这种车站的建设成本较高。

按车站位置划分，BRT 的车站可以被分为路侧型车站和路中型车站。路侧型车站的设计一般比较简单，乘客候车与常规的公交车站相类似，只是因需要与专用车辆相配合，在设计细节上有所不同；路中型车站一般位于路中专用车道，还可以被细化为侧式车站和岛式车站。这种车站在规划和设计时要充分考虑到行人和其他车辆的通行问题，因此在建造时比较复杂，成本也相应较高。

按专用道、隔离带的位置以及道路断面设计来划分，BRT 站点可以分为岛式、侧式、港湾式。如果专用道位于道路两侧时，应该采用港湾式的设计。如果道路中央设有专用车道时，则应采用岛式或侧式站台，这种站台与轨道交通的车站相类似。

②合理站距选择。BRT 站点在选址时要充分考虑道路系统、车辆运营管理、乘客出行需要、交叉路口安全距离等各方面的因素。通常情况下，如果将车站间的距离设置的较长，虽然能够提高车辆的运行速度和效率，但乘客乘车时需要步行的距离就会增加，给出行造成不便。如果将车站间的距离设置的较短，虽然乘客乘车距离有所缩短，但车辆运行速度就会受到影响。过长和过短都会增加乘客出行的时间成本。在这两种选择的中间选择一个最优的距离就是快速公交设置站点的合理位置。影响 BRT 站间距离的因素主要有：

沿线客流分布情况以及客流需求的强度。客流需求强度影响着 BRT 站点的布局，在客流大量汇集的地区应当设置站点。另外，因为乘客到达车站的用时受客流沿线的分布情况影响，而这二者又共同影响着 BRT 的站间距离设置。

线路运行时间。线路运行时间与运行速度有关，因为车辆运行速度越快，运行所需的时间就越少，只有增加了各站点间的距离，才能提高车辆运行的速度，从而能减少车辆运行的时间。

乘客到、离站时间。从乘客的角度来说，车站设置的间距越短，他们乘车的目的地就越近，出行就更加方便，因此他们是希望减小车站之间的距离的。因为如果车站间的距离设置得过大，自身到站，离站的距离就会增加，相应的时间成本就会增加。由此看来，BRT最优站距的设置中，乘客到离站时间是比较大的一个影响因素。

投资费用。为了确保项目建设所需资金能够控制在预算之内，一些如车辆、站点、专用道等车站建设的子项目也是要制定成本限额的。公交运营成本和BRT站点建设成本是与站距相关的成本，其中公交运营成本主要包括车辆的购置费用。而BRT站点的成本一般包括车站的建筑成本，还有车站配套设施的购置成本，如售票、检票系统，电子信息显示设施等。

通常来讲，BRT专用车道离市中心越近，站点间的距离就越小，离市中心越远，站点间的距离就越大；专用道设计的独立性越高，车站间的距离就越长；车辆运行沿线客流越大，开发程度越高，车站间的距离就越小。城市中BRT专用道的站间距离一般与轻轨的站间距是相似的，也就是说在城市中心区，站间距通常为800~1000米，在城市中心区的外围，站间距通常为900~1200米，在城市郊区站间距通常为1000~1500米。

（3）BRT专用车辆

BRT系统多采用标准的或铰链式改良设计的车辆，这种设计采用的是铰接式，使车辆能够从两侧开门，车门较多，底板较低，乘坐舒适并且能够实现智能化控制。BRT专用车辆将占到BRT系统费用的50%以上。

容量更大。BRT专用车辆通常是铰接式大客车，与传统地面公交车相比，容量和载客量大大增加，一辆这种专用车辆，可运送180~270名乘客。

舒适性更高。采用大开窗，通风采光良好；内置空调，环境舒适；车体悬挂式设计，减震效果良好。

上下车更方便。采用大开门、多车门及与站台等高设计的低底板，使得所有乘客都能够安全、快捷地上下车，大大提高了方便性。

低污染。BRT车辆多采用清洁燃料和低能耗的动力装置，这样就有效地控制了尾气排放，降低了污染。

乘客信息更丰富。BRT车辆多备有动、静态信息显示和视频、声讯播报系统，乘客信息更丰富。

外形美观。BRT车辆多采用流线型设计，色彩艳丽，不仅便于识别，还可以体现BRT系统品牌效应。

（4）智能交通系统

BRT系统对智能交通技术的应用包括以下几个方面：

动态调度。通过车辆自动定位技术实现车辆的动态调度，应用收费系统实现客流出行数据的统计。

辅助车辆驾驶技术。自动导向技术帮助车辆在路段运行期间保持平稳快速。精准靠站技术提高车站内的停靠精准度，缩短车站延误时间。安全保障技术保证车辆行驶过程中不受冲撞。

信号优先技术。该技术是基于智能控制技术和车辆自动定位技术，在交叉口使BRT车辆优先通行。

乘客出行信息服务。在车站提供线路信息、车辆到站信息、换乘信息。车内提供实时运行信息，通过互联网、电话或客源集散点的查询终端提供BRT系统服务信息。

服务方式。服务方式根据不同公交道路形式和不同的公交车辆有所不同。通过在BRT车站设置自动售检票系统、精确车辆停靠装置、显示到站公交车辆载客量及与车辆地板平齐的高站台使乘客快速上下车。

（5）线路运行组织与管理

BRT系统的运营管理改进包括利用先进技术的中央调度中心、系统内车辆实现统一调度，以及对BRT、客运通道上的常规公交线路进行整合。

配套地面公交线网调整。对原有道路上的常规公交线路进行调整，包括对一些平行线路的撤销和转移，建立于BRT、客运通道上的常规公交线路进行整合。

中央动态调度。在BRT系统中利用先进的智能监控系统，针对需求和道路交通条件来控制车辆的预先状况，实现车辆运行严格按照计划时刻执行，确保系统的运营可靠性，避免乘客等候时间过长，减少车站车辆到站不均衡而引起的运行时间增加。

跳站式运营。根据客流出行需求的特点，设计区间车和大站车运营模式，提高线路的运营效率和客运量。

控制专用车道的运营车辆数。为提高 BRT 车道的使用效率，在系统运行初期，可以考虑常规公交车辆也在 BRT 专用道上行驶，限制专用车道上的公交车辆数，确保 BRT 系统运营车速在 25 千米/小时以上。

售票方式，为保障其快速运营，采用车外售票方式，将售票系统置于候车站台内，在公交车辆进站前完成收费，从而实现快速简单的售票。

（二）快速公共汽车专用道设置

1.BRT 专用道设置需考虑的因素

为了保障 BRT 专用道的设置效果与功能发挥，通常需要考虑如下因素：

①运输效率。BRT 专用道必须是高效率的，即应具有严格的专用路权和尽量少的交通横向干扰，应确保 BRT 车辆运行快速，站点和交叉点的交通延误少。

②服务水平。BRT 专用道的设置要充分体现"以人为本"的服务理念，要充分考虑为乘客提供良好的乘、候车环境，保证乘客整体交通行为的连续性和舒适性，提供良好的乘客信息服务，实行方便、公平的票制系统及人文关怀与尊重。

③网络系统。要注重提高整体公交网络的服务效能，促进公交网络形成良好的空间和等级结构，促进线路之间形成方便、高效的换乘关系，包括换乘时间、空间距离和换乘费用等。

④环境保护。促进环境质量提高是 BRT 建设项目追求的重要目标，具体体现在两个方面：通过实施公交优先，逐步限制其他机动交通工具的使用，进而减少噪声和尾气排放总量，形成高效的和对环境友善的交通系统结构；公交车辆自身的环保性能改善也是不容忽视的因素。

2.BRT 专用道的类型与设置方法

BRT 专用道的类型决定了 BRT 系统的运行速度与运营能力。全封闭式的 BRT 专用路可以提供大容量和快速的公交服务,和正常的交通轨道的服务水平是差不多的。通常 BRT 专用道则会受到多路口的信号的限制。所以它的运输速度会受到一些影响,所以在重要交通路口,都会设置一些公交信号优先控制,在特殊的时候可以调整一下。BRT 专用道的类型与设置方法主要有以下几种:

(1) 路中式 BRT 专用道

路中式 BRT 专用道是指设置在道路中央分隔带两侧或分隔线相邻车道上的 BRT 车道。此时,BRT 车辆行驶在整条道路的内侧车道上,即靠近道路中央行驶,通常采取物理方法或路面标线进行隔离。根据道路横断面形式不同可以分为有中央分隔带的 BRT 专用道和无中央分隔带的 BRT 专用道两种形式。没有中央分隔带的道路,一般像一些专用的道布都会设置在路的两侧,通过开宽获得停靠空间。如果在有中央分隔带的路,那么专用道布就会放置于分隔带的两边,以便于设置公交站。

路中式 BRT 专用道的最大优势就是车辆行驶不受外界因素干扰。如果道路中不设置中央分隔带的话,就可以把双向道合并在一起,从而进行物理分隔,这样做的好处是,可以保证好 BRT 的专用性,还方便公交车超车。而那些要设置中央分隔带的路,根据实际的环境不同而进行调整,如果特殊的路段,就可以将中央分隔带和 BRT 一起分隔,这样车辆在中央分隔带开进,并靠停,乘客们上下车辆就要穿过道路了,与路侧式 BRT 专用道相比(乘客完成往返出行只需要穿越一次,如果不是往返出行还有可能不需要穿越道路),这种专用道会使乘客穿越道路的次数增多,乘客坐一回公交车,差不多都要穿过两回路面,这样没有安全性。但是正常的道路分隔带的宽度都是限定的,这样就不好设置地下交通道路,如果加入行人街信号,那么又会影响车流速度。

(2) 路侧式 BRT 专用道

目前杭州等城市的路侧式 BRT 专用道,就是将 BRT 专用道设置在道路的最外侧车道,在机动车、非机动车隔离带上或者占用局部非机动车道来设置停靠点。这种专用车道设置方式有其显著优势,那就是道路改造工量小,可以与原有公交车站共用部分设施，减少城市交通建设投入，充分利用公共资源，并且方便乘客进出站和上下车。路侧设置BRT专用道，可以将车站改造成港湾式停靠方式，这样不仅能方便其他BRT车辆超车，而且还能大大降低其对社会其他车辆的干扰。

在分析BRT专用道在城市交通中所占优势的同时，其劣势也不容忽视，即它的适应性有限。这是因为，BRT在实际运行中，会阻断所有车辆的到达行进，影响车辆"右进右出"的行车规律，尤其在车流量大、道路沿线开口比较多，土地开发程度深的路段，这种矛盾更加突出，如果设置这种专用车道，就会影响其他BRT和社会车辆的到站和进出，如果不设置专用车道，这种交通运行方式的通畅性和快捷性则无法体现。而且容易受到行人和路侧非机动车的干扰，降低行驶速度。所以，这种BRT专用道只能设置在车流量小、沿途土地开发程度低的路段。

（3）次路侧式BRT专用道

次路侧式BRT专用道是路侧式BRT专用道的一种改进形式，一般是利用路段非机动车道在原来路侧式BRT专用道的右侧再开设一条辅助机动车道，供沿街车辆和相交小路上车辆右进右出、出租汽车上下客，以及那些不允许使用BRT专用道的常规公交行驶使用。

尽管它具有较高的适应能力，弥补了BRT专用道的路侧式上的不足。可也存在显著的不足之处，那就是专用道如果没有物理措施来进行隔离的情况下，当辅助车道的车流需以左转的方式才可驶入交叉路口且前提还得先进入专用道的左侧车道，穿插于BRT的车流中，导致行驶在专用车道上的车辆无法正常行驶，特别是需左转的车流量较大的时候，专用车道的目的及意义便会大打折扣。

（4）单侧双向式BRT专用道

单侧双向式BRT专用道是指将专用道集中布设于道路一侧，其他车辆行驶于另一侧的情况。

BRT专用车道的形式是为公交车特意开辟的快速通道，这种形式最显著的缺点表现在交叉路口的运行管理上，如果BRT车辆在交叉口行驶方向不一致，有些要左转有些要右转有些又要直行，那么会增加BRT车辆与其他车辆的干扰，造成冲突，车道的冲突面积加大，采取处理措施的话也会比较复杂。BRT专用车道的优点也很显然，一是BRT车辆在专用车道中形式比较灵活、自由，一旦要超速的话比较方便，不会造成不良的影响；另一方面有利于提高环形公交路线的运行效率，如果将环形公交路线设置在内道，则会降低其他车道与BRT车道之间的干扰性，简化道路的运行，特别是提高在交叉路口的运行效率。

（5）单侧单向式BRT专用道

单侧单向式BRT专用道是指专用道设置在道路某一侧并且只沿一个方向行驶的专用道。这种形式的专用道多出现在单行道路上。基于此，公交线路需以两条道路来实行双向行驶，同时，以相互平行的状态位于两条道路且间距较小。

（6）逆向式BRT专用道

逆向式BRT专用道是指BRT车辆行驶方向与其他车辆行驶方向相反的专用道，一般也多用于单行道路上，这种形式的专用道优点是BRT车道不易被其他车辆占用，布设在单行道上时，反向乘客乘车方便。但不足之处是与我国在行车的习惯上相左。且因为专用车道和其他的车辆在交叉路口的行驶的特性上还没达到统一，所以有着优先权的BRT车辆会对其他的车辆造成一定的影响。

（7）BRT专用路

BRT专用路（地下、高架、专用街道、高速公路）是指整条道路都为BRT车辆所用的道路。BRT是在全封闭专用道运行，其优点很明显，那就是设施独立、速度快、运量大，这种专用道的形式从运营效果上来看，是十分理想的一种方式，但是它会占用非常多的道路资源。我国很多城市的道路资源本身就已经非常紧张，对于这些城市来讲，BRT专用道如果大量普及，会严重影响到城市道路的空间容量，并且因其建设周期比较长，建设成本高，社会效益通常不显著，所以国内大多数城市交通建设中并不适宜推广BRT专用道。

目前我国厦门的 BRT 系统采用的是高架式 BRT 专用路。

综上所述，鉴于各类型 BRT 专用道均有不同的适用范围，也有明显的优势和劣势，所以各个城市必须针对自己的道路交通实际，与本市土地开发、道路交通发展规划等实情相结合，因地制宜地慎重选用。

（三）快速公共汽车运营组织

1. BRT 营运调度

①BRT 车辆调度形式的确定。BRT 车辆调度形式是指营运调度措施计划中所采取的运输组织形式。BRT 车辆调度基本可以分为两类：一类按车辆工作时间的长短与类型，划分为正班车、加班车与夜班车；另一类按照线路运行与停驶方式，划分为全程车、区间车、快车、定班车、跨线车等。BRT 车辆调度形式选择的原则：凡属有相对固定线路走向的公共交通方式均须以全程车、正班车为基本调度形式，并根据线路客流分布特征辅以其他调度形式。BRT 车辆调度选择形式，通常可通过计算时间不均匀系数、方向不均匀系数、路段不均匀系数、站点不均匀系数等指标来确定。例如，区间车调度可以通过计算路段（断面）客流量或路段不均匀系数的方法确定；快车调度形式可通过计算方向不均匀系数或通过客流调查计算站点不均匀系数的方法确定；高峰加班调度形式可通过计算时间不均匀系数的方法确定。

②BRT 线路运营模式。BRT 线路通过停站设计实现不同的运营模式，一般分为每站必停、大站快线和点对点 3 类。这 3 种运营方式可在 BRT 系统内局部或全段使用，主要根据客流需求的时间变化、根据站点 OD 的空间变化进行具体设计。不同道路类型的 BRT 服务的模式和营运时间也不尽相同。BRT 路线在主干道上运行时，客流比较均匀地分布于走廊上，客流中穿越性的占比也比较低，所以这种情况一般可以安排每站必停。BRT 线路在高速公路或者快速路上运行时，出于保证道路交通顺畅的考虑，应该安排大站快线或者点对点停靠。专用 BRT 线路站点设置超车道时，应该预设 24 小时每站必停的方案，但交通高峰时安排大站快线的运行方案。针对不同时段和不同情况灵活安排运行方案，可以充分满足沿线乘客的出行需要，又能提高运行效率。

③营运时段。营运时段由客流分布时段决定，营运机构应根据客流需求、其他换乘衔接系统的营运时段确定首末班车时间。作为城市公交主干线，BRT营运时段至少是6：00~22：00，工作日和周末的营运时段尽可能保持一致，但班次密度可以做出调整。基于交通安全考虑，局部同向BRT车道可以实施部分时段专用，逆向BRT车道应当全天专用，接驳线路也可实施高峰时段营运。

④发车方式。发车间隔和发车方式直接影响乘客候车时间和客运能力。为降低发生车辆等候进站的概率，如果有平交路口，则BRT线路高峰发车间隔一般不宜小于2分钟。如果客流量增加，根据BRT专用道通行能力、路口信号优先控制条件，推荐采用编组发车方式，即在起点站同时排队发车以提高客运能力，有利于发挥站台停靠泊位的使用效率。发车间隔主要根据线路的客流量和BRT车辆的载客量来确定。

⑤BRT营运调度方法分析。按照调度技术特点，BRT车辆调度可分为静态调度和动态调度两种形式。

静态调度是基于人工经验的一种调度方法，指合理地编制车辆的运行作业计划，按"按流开车"和"先到先开"的原则安排全程车、大站车、区间车的组合调度时刻表。影响静态调度的因素主要有最小车辆数、同时运行的最大车辆数、最少车次数的下界、发车时间间隔及每日各种峰值时段。

动态调度使用先进的技术，如通信、车辆定位以及计算机方面的，通过采集到的关于道路、客流和车辆方面的信息，并对这些信息进行传输和处理，就可以对运行中的车辆实行实时的监控以及调度，再加上调度人员凭借自己的经验对正在运行中的车辆的实际运行情况与既定计划之间的偏差进行判断和分析，来对发车时间和派车类型进行实时的调整，构建一种高效的交叉调度的模式。这种动态调度的优点是，可以随时对车辆运营的情况进行调整，使其运营的效率提高，公交部门则可以通过这种方法来使资源的配置和使用最优化，得到最高效的运营成果。智能交通应用的越来越广泛，技术也越来越成熟，调度方式也随之发生了改变，原来是人工的、静态的，现在是智能的、动态的。智能调度对于BRT来说很重要，相当于人的大脑和神经系统，智能调度是BRT显著的一个特征，BRT的正常运行离不开智能调度。

2.BRT在平面交叉口的优先通行

交叉路口信号优先通行技术是实现BRT系统功能的关键技术之一，该技术实施效果将直接影响到BRT系统功能的发挥。BRT系统要实现快速和高服务水平的运营目标，仅仅靠BRT专用道来保障车辆在路段上的运行速度是不够的，还需要通过对交叉口交通流的有效控制，实现BRT系统在线路上乃至整个城市线网上的优先。

BRT在平面交叉口的优先处理方式上有立体交叉方式和平面交叉口方式两种形式。

（1）立体交叉方式

立体交叉方式是在交叉口处采用高架桥或隧道方式使BRT车辆与其他车辆在空间上分流。该方式与其他车辆之间不产生任何互相干扰，基本上可实现无延误地通过交叉口，然而这种方式的占地空间大，造价高，因此比较适用于交通流量繁重、已接近或达到饱和流量的交叉口，但对于资源紧缺的城市交叉路口不便使用。

（2）平面交叉方式

平面交叉口的BRT优先控制方式分为：空间优先是指通过设置各类BRT专用进口道的方式，使得BRT车辆在独立的、与其他车辆无干扰的专用车道上排队进入平面交叉口。时间优先（信号优先控制）是指BRT车辆在交通信号上的优先政策，主要体现在交叉口处BRT优先通行的信号控制上。

BRT在交叉口的时间优先技术主要通过调整信号周期来减少或消除红灯时间对BRT车辆的延误，其方法大体可以分为3类：①被动优先是根据交叉口历史交通流数据，预先进行公交优先信号配时，其主要方法包括调整信号周期、增设公交专用相位、增加公交通行次数和预信号优先控制等。②主动优先则是利用数学模型算法进行交通状况数据预测，通过检测BRT车辆位置、车辆延误及交通流量等交通参数，采取提前、延长、增加或减少相位等信号调整方法来适应BRT车辆的到达。③实时优先的控制机理最为复杂，所需软硬件设施也很苛刻,它通过采集路段和交叉口的实时交通信息,如公交与社会车辆的流量、BRT 车上乘客数和 BRT 车辆是否晚点等运行状况,进行分析、加工和处理,从而实现对交叉口信号配时方案的不断调整与优化。实时优先策略对技术要求较高,且算法复杂。该策略在减少公交车延误和缩短公交乘客出行时间的同时,将对其他交通方式的影响降为最低。

由此可见,采用平面交叉口信号优先控制技术可以提高 BRT 的运营速度,增强乘客乘坐 BRT 的吸引力,然而由于城市道路交叉口的形式多样,BRT 受到过街行人、违章行车等诸多因素的影响,这项技术的实施一直是 BRT 系统关键技术的难点问题。

第二节 交通管控模式与城市轨道的融合与经济协调发展

一、交通管控模式与城市轨道的融合

轨道交通运营管理的重要任务是决策,决策的前提是信息,而信息是通过数据处理得到的,因此从数据分析处理的角度去讨论对轨道交通运营管理的支持是合理和必须的。而数据分析处理的技术包括数据集成技术、数据挖掘技术、基于业务的决策支持技术等。

(一)城市轨道交通信息集成技术

城市轨道交通信息集成技术就为城市的轨道交通建成一个信息集成平台,这个信息集成平台整合了轨道交通中各个子系统的数据,是一个便于管理轨道交通的有机整体,关键时候能充分调度轨道交通中的一切资源,实现资源的优化配置,提高调度指挥和运营管理的集约化水平以及社会服务水平,而对集成后数据的挖掘则可以更好地利用集成信息为管理和决策服务。

(二)城市轨道交通网络运营技术

城市轨道交通主要包括城市中的地铁系统、轻轨系统、磁浮系统等交通网络,这些交通网络一旦出现意外状况,其传播速度之快、影响力之大、危险系数之高是其他行业难以比拟的,而且往往牵一发而动全身,需要联合轨

道交通的相关部门和其他外界部门相互协作、配合。所以建设面向应急管理的城市轨道交通信息集成平台，集收集信息、整合、智能分析等功能于一体，这样面对突发事件才能实现迅速应对、高效率解决，因此如何启动应急管理工作是我国当下城市轨道交通运营管理的重中之重。

（三）城市轨道交通出行智能优化技术

随着城市化进程的不断加快，城市中的交通网络不断扩大，如何整合交通信息优化大家的出行方式是目前城市轨道交通路径优化面临的最大难题，以往常使用的图论方法和静态路径诱导法不适合如此大的交通网络。前者计算量大、计算时间长，难以迅速做出优化；后者以道路质量和几何距离为算法依据，是一种比较理想的状态，无法体现交通网络的变化性和实时性。

因此，加强城市轨道交通多模式及多目标智能诱导优化方法研究具有十分重要的理论意义和实用价值，将有助于轨道交通和常规公交的协调优化调度，大大缩短人们的出行时间，提高舒适度，从而提高公交系统的服务水平和公共交通的吸引力，刺激城市公交的发展，优化城市居民出行结构，形成统一的城市客运体系。

（四）城市轨道交通客流预测技术

城市轨道交通的列车开行必须以客运量为基础，以客流性质、特点和规律为依据，科学合理地安排列车种类、起讫点、数量、运行交路、编组、停站方案、列车席位利用、车体运用等方案。也就是说，人流量的多少是开设轨道交通列车的首要因素。目前国内许多列车所停的站台和路线的设置都是按照客流量来分布的，这既使交通的列车设备实现了最大的经济效益，又方便了大客流量地区的出行需求。

（五）城市轨道交通票务清分技术

城市轨道交通是个复杂、巨大的工程，庞大的客流量、复杂的路线规划、各种轨道交通之间的差异、客流量和车站流量在时间、空间上的分布不均，这些都是导致轨道交通复杂的主要因素。运营线路分属不同的投资和运营主体还会产生如何将票务收入在不同主体之间进行清分的问题。传统的票务清分方法有两种：一是客流均衡模型，认为客流会均衡地分布在不同线路上；二是广义费用分析方法，这些方法在实际运营管理中的使用效果还不尽如人意。

二、城市交通与经济的协调发展分析

城市交通发展与城市经济发展互为前提和基础，其发展水平的高低也直接影响到国民经济的发展速度。随着国民经济的不断发展，资源和要素的充分自由流动，导致了社会经济发展对交通存在一定的依赖和需求关系。

社会经济的发展对城市交通提出更高的要求，这必然推动城市交通的不断增长和系统的更新，这也是当今中国城市化进程日益加速的必然趋势，而且交通网络的不断扩展不仅提高了人们的出行速度，而且极大地降低了贸易中的交易支出，将"远距离"变成"近距离"，对经济的发展和人们生活水平的提高以及社会的进步都有很大的影响。

（一）城市公共交通与国民经济发展

城市国民经济的发展，一方面为城市公共交通建设提供了必要的物质与资金基础；另一方面时间和空间上的分布不均也使得各地的交通需求产生了一定的差异。特别是人们的收入的差异使得人们在交通工具的选择和对交通的需求上也发生了一些变化。收入高的群体对交通的需求较多，比如上下班、出行旅游，家庭中在交通上的花费更多。同时他们不仅追求高速、便捷、安全、舒适的交通方式，服务态度也是他们选择交通方式的主要因素之一。

公共交通现在已经成为国民经济发展的有力支撑。主要体现在两方面：一是公共交通网络的扩展带动了各地经济和各个行业的发展，比如出行速度的提高极大地刺激了人们的出行需求，带动了旅游业的发展，许多风景优美的地方开发成旅游景点，当地经济得到迅速发展，同时人们能接受更好的教育和更好的医疗服务，进行更加丰富的休闲娱乐活动；二是公共交通的多样化发展和规模的扩大，不仅使之成为国民经济重要的组成部分之一，而且推动了社会现代化进程的加快。

（二）机动车保有量与国民经济发展

随着社会经济发展和城镇化水平提高，居民出行机动化也进入快速发展阶段。随着国民经济的持续增长和社会的快速发展，机动车保有量呈现出显著的上升趋势。这一现象不仅反映了居民生活水平的提升，也是城镇化进程中一个不可忽视的标志。居民出行的机动化，意味着人们对于出行效率和便利性的需求日益增长，这直接推动了汽车产业的发展和相关服务业的兴起。

在经济层面，机动车的普及极大地促进了生产要素的流动，加强了区域间的经济联系，提高了生产效率。汽车制造业作为国民经济的重要支柱产业之一，其发展带动了上下游产业链的繁荣，包括钢铁、橡胶、电子、化工等多个行业。此外，汽车销售、维修、保险等相关服务业也随之兴起，为经济增长贡献了新的动能。

然而，机动车保有量的快速增长也带来了一系列问题。交通拥堵、环境污染、能源消耗等问题日益凸显，对社会的可持续发展构成了挑战。为了应对这些问题，政府和社会各界采取了一系列措施，如推广新能源汽车、优化交通管理、加强公共交通建设等，旨在实现交通系统的绿色、高效、智能发展。

同时，随着科技的进步，智能化、网联化的交通系统逐渐成为现实。自动驾驶技术的发展，有望进一步提高道路使用效率，减少交通事故，改善出行体验。智能交通管理系统的应用，可以实时监控交通状况，优化交通流，缓解拥堵现象。

总之，机动车保有量的增长与国民经济发展紧密相连，它既是经济发展成果的体现，也是推动经济进一步发展的动力。面对由此带来的挑战，需要政府、企业和公众共同努力，通过科技创新和政策引导，实现交通系统的可持续发展，为社会经济的长远发展提供坚实的支撑。

（三）城市道路建设与国民经济发展

城市道路建设作为城市基础设施的重要组成部分，对国民经济的发展具有深远的影响。随着城市化进程的加速，城市道路的建设和完善成为城市发展的关键。新建道路和对现有道路的改造升级，不仅提高了城市的交通承载能力，也促进了区域经济的互联互通。

城市道路的扩展和优化，为商业活动提供了更加便捷的条件，缩短了货物和人员的运输时间，降低了物流成本，从而提高了经济效率。良好的交通网络能够吸引更多的投资，促进产业集聚，带动就业，加速城市经济的繁荣。此外，城市道路建设还与居民的生活质量密切相关，改善了市民的出行体验，提升了城市的宜居性。

然而，城市道路建设也面临着资金、土地、环境等多方面的挑战。如何在有限的资源条件下，合理规划道路建设，实现经济效益、社会效益和环境效益的最大化，是城市规划者需要考虑的问题。为此，许多城市采取了多元化的融资方式，包括政府投资、社会资本参与等，以解决资金问题。同时，通过科学规划，优化道路布局，减少对环境的影响，实现绿色建设。

技术创新在城市道路建设中也发挥着越来越重要的作用。智能交通系统的应用，提高了道路的使用效率和管理水平。例如，交通信号的智能控制可以减少拥堵，提高车辆通行速度。此外，新材料、新工艺的应用，提高了道路的耐久性和安全性，延长了道路的使用寿命。

城市道路建设还需要与公共交通系统、非机动车道和行人设施等其他交通方式协调发展，形成综合交通体系。这不仅能够满足不同出行方式的需求，还能够促进交通的可持续发展，减少对环境的影响。

总之，城市道路建设是推动国民经济发展的重要力量。通过合理规划、技术创新和多元化融资，可以有效应对挑战，实现城市道路建设与国民经济的协调发展，为城市的长远发展奠定坚实的基础。

第七章 交通运输与经济发展

第一节 交通运输的经济需求分析

一、运输需求的基础理论

（一）运输需求的产生

运输需求按运输服务对象不同可分为旅客运输需求和货物运输需求。旅客运输需求来源于生产和消费两个不同的领域，其中，以公务和商务为目的的旅客运输需求来源于生产领域。与人类生产、交换和分配等活动有关的运输需求，可称为生产性旅行需求，这种需求是生活活动在运输领域的继续，其运输费用进入产品或服务成本。以探亲和旅游为目的的旅客运输需求来源于消费领域，可称为消费性旅行需求，其运输费用来源于个人收入。

货物运输需求的产生有以下三个方面的原因：

①自然资源地区分布的不均衡，使得生产力布局与资源产地产生了分离。自然资源是大自然赋予人类的宝贵财富，但它的分布是不平衡的，这是不以人的意志为转移的自然地理现象。生产力的布局要考虑自然资源的分布状况，但不可能做到完全与自然资源相一致。社会经济活动必然要求自然资源由储藏丰富的地区向缺乏的地区流动，这就必然产生运输需求。

②生产力与消费群体的空间分离。由于各地区经济发展、产业结构和消费习惯的差异，使得生产力布局与消费群体产生了分离。随着生产社会化、专业化、区域经济和国际分工的发展，生产资源进一步优化组合，某些产品

的生产日益集中在某个或某些区域,生产与消费空间的分离日益增大,这就必然产生运输需求。

③地区间商品在品种、质量、性能、价格上存在着差异。不同地区之间、不同国家之间因自然资源、科技水平、产业结构的不同,产品的质量、品种、性能、价格等方面就会产生很大的差异,由此会引起货物在空间上的流动,这就会产生运输需求。

(二)运输需求的定义与内容

1. 运输需求的定义

"需求"一词是经济学中使用较频繁的一个概念。通俗地讲,需求是有支付能力的需要。运输需求就是运输市场需求,即货主或旅客对运输供给部门提出为实现货物或者旅客空间位移的要求。现实的运输需求应具备两个条件:第一,有购买运输劳务的欲望或要求;第二,有这种购买能力,能够实现这种欲望或要求。二者缺一不可,否则便不能形成现实的运输需求。

在经济学中,把消费者在某一特定时期内和某一价格水平下愿意并能够购买的商品和劳务的数量,称为需求。需要特别指出的是,需求是购买愿望和货币支付能力的统一,如果只有购买的愿望而不具备购买能力,则只能称之为需要或者愿望,而不是需求。例如,想拥有一辆汽车是绝大多数家庭的愿望,对汽车的需要是普遍和强烈的,但是目前市场上由于家庭收入的限制以及昂贵的汽车销售价格和使用费用,使得绝大多数家庭并不具备对汽车的购买能力,所以很多家庭有购买汽车的"需要",但不能构成对汽车的"需求"。汽车销售过程中开展的信贷业务,目的就在于开发消费者的需求,使之通过贷款而具备相应的支付能力。例如,一个拥有1000万用户的国家,居民对电冰箱的需要是每户一台,但在一定价格条件下,国内只有1/5的居民对电冰箱有支付能力,这样,国内对电冰箱的需求将是200万台,而不是1000万台。

2. 运输需求的内容

①运输需求量,即流量,常以货运量(吨)和客运量(人)来表示,指运输需求的规模大小和数量的多少。

②流向，即货物或旅客在空间位置转移的地理走向，表明货物或旅客从何处来到何处去，说明地域间经济和居民的运输联系。

③运输距离，即流程，指货物或旅客在空间上位置转移的起始点之间的距离。

④运输时间，即流时，指起运的时间与运达的时间以及二者间的时间长度。

⑤运输构成，是指各类货物和旅客运输需求占总需求的比重。

(三) 运输需求的分类

1. 按运输需求的范围不同划分

①个别运输需求是指特定的货主或旅客所提出的运输要求，它因个别货物或旅客各自的特点而不同。例如，在货运方面，有的货物需要严格的运输质量管理以保证安全运输，如危险品、化学品等；在客运方面，不同年龄、性别、身份的旅客对出行的服务、便捷度、时效性等要求也不相同。

②局部需求是指不同地区因经济发展水平上的不同而产生的不同的运输需求，或者因自然条件等不同原因而产生的对某种运输方式的不同要求。这种需求在我国尤为突出，例如，我国东部地区经济发达，运输需求量较大，而西部地区经济相对落后，运输需求量相对较少。

③总体运输需求是指个别运输需求与局部运输需求的总和。它是从全社会、整个国家宏观经济角度来考察的运输需求。

2. 按运输需求的性质划分

①生产性运输需求是指与人类的生产、交换、分配相关联的运输需求，是基于社会生产活动而产生的运输需求，主要包括物和人的运输需求，如产品、半成品及所需材料、设备、辅助用品等物的运输需求；为职工上下班和联系公务生产的人的运输需求。

②消费性运输需求是指以消费为目的的运输需求。例如，生活必需品、消费品的物的运输需求；上下班、购物、探亲、娱乐、上下学等运输需求。

3. 按运输需求产生的地域划分

①区域内运输需求，即运输需求的起点和终点都在同一个区域 A 内，则

为 A 的区域内运输需求。

②区域间运输需求，即运输需求的起点在 A 区域，终点在 B 区域内，为 A、B 区域间运输需求。

③过境运输需求，即运输需求的起点、终点均不在 A 区域内，但运输对象需利用 A 区域内的线路完成其位移，为 A 区域的过境运输需求。

4. 按运输方式的不同划分

按运输方式的不同可以分为公路运输需求、铁路运输需求、航空运输需求、水路运输需求、管道运输需求以及多种方式的联合运输需求。

5. 按运输对象种类的不同划分

按运输对象种类的不同可以分为货物运输需求和旅客运输需求。

二、运输需求的特征与规律

（一）运输需求的特征

运输需求与商品经济条件下的一般需求相比有其特殊性，主要表现在以下几个方面：

1. 派生性

在经济生活中，如果一种商品或服务的需求是由另一种或几种商品或服务派生出来的，则称该商品或服务的需求为派生性需求。对引起派生需求的商品或服务的需求则称为本源性需求。例如，货主或旅客需要出行而提出位移要求，但他们的目的往往并不是位移本身，而是为了实现生产或者生活中的其他需求，如生产产品的需求、上下班的需求、外出旅游的需求等。所以说，社会经济活动是本源性需求，运输需求是派生性需求。当然，这也并不排除在某些生活水平较高的国家和地区，也会存在一定程度上成为本源性的需求，如人们乘坐动车体验它的高速和优质服务等。

2. 广泛性

经济活动的空间独立性及其相互关联性的存在，生产与消费、供给与需求的普遍存在与相互分离，决定了运输需求的广泛性。现代社会经济活动的各个方面都离不开人和物的空间位移。运输业作为一个特殊的物质生产部门，是所有经济社会活动赖以存在的基础，无论是宏观经济活动、中观经济活动还是微观经济活动。也就是说，无论是人们的生产活动还是社会活动及文化交往，运输需求广泛地存在于人类生活和社会生产的各个角落。

3. 多样性

人类活动的目的、形式是多种多样的，所产生的作用、关系也是丰富多彩的，由此产生的运输需求，无论是运输条件、运输方向、运输距离还是运输质量、运输时间、运输速度的要求都各不相同。例如：在货运方面，油品等液体货物需要用槽车、罐车、油船、管道来运输，化学品、危险品以及长大件货物等也都要求特殊的运输条件，鲜活货物需要用冷藏车运输，等等；在客运方面，由于旅客的身份、收入水平、旅行目的的不同，对运输服务的质量要求也各不相同。运输需求不仅有量的要求，还有质的保证，即包括安全、便捷、舒适、高效等要求。运输服务的供给者必须满足运输的量和质等各方面多层次的要求。

4. 不平衡性

运输需求的不平衡性主要体现在空间和时间上。运输需求具有空间特定性，即运输需求是对位移的要求，而且这种位移是运输消费者指定的两点间带有方向性的位移。运输需求的这一特点构成了运输需求的两个要素，即流向和流程。对于货物运输来说，运输需求在方向上往往是不平衡的，特别是一些大宗货物，如煤炭、石油、矿石等，都有很明显的流动方向，这是造成货物运输量在方向上不平衡的主要原因。例如，在通往林区、采矿场及煤矿的线路上，一般是进货少、出货多，或者是空车去、重车回，形成单边运输；通往加工工业基地及大城市的线路上，往往是运去原材料和燃料的重量远远大于运出的产品的重量。

运输需求的时间特定性包括两方面内容：一是运输需求在时间上的不平衡性，例如，周末和重要节日前后的客运需求明显高于其他时间；市内交通的高峰期往往是在上下班时间；蔬菜和瓜果的收获季节往往是这类货物运输最繁忙的时期。这些反映在对运输需求的要求上，就是时间的特定性。运输需求在时间上的不平衡会引起运输生产在时间上的不均衡。二是对时间和速度的要求。运输消费者对运输服务的起始时间均有各自特定的要求,即运输消费者对运输服务的起运和到达时间有各自特定的要求。例如:货运方面,有些商品要求必须在特定时间起运、特定时间到达,如水果、海鲜等;客运方面,由于每个人的身份、出行目的不同,对旅行时间的具体要求也不同,一般都要求快速、准时地到达目的地。运输需求的时间特定性引出运输需求的两个要素,即运输需求的流时和流速。运输速度和运输费用是成正比的,运输服务消费者必须在运输速度和运输费用之间进行权衡,以尽量小的费用和尽可能快的速度实现人与物的必要位移。

5. 部分可替代性

不同的运输需求之间一般来讲是不能互相替代的,如人与物的位移需求不能互相替代,不同目的地的运输需求也不能相互替代,不同品类的商品的运输需求也不能相互替代,但是随着现代科学技术的发展,人们可以对某些不同的运输需求做出替代性的安排。

一是"外部替代",即指某种运输需求有时可以由运输以外的空间位移方式来替代。例如:煤炭的运输可以由长距离高压输电线路替代;在工业生产方面,当原料产地和产品市场分离的时候,人们可以通过生产位置的合理确定在运送原料还是运送产品或半成品之间做出选择;旅客的部分流动在一定的情况下可以由现代通信手段来替代。

二是"内部替代",即指同一运输需求有时可以通过不同的运输方式来满足。由于货物运输需求以货物的位移为目的,而铁路、公路、水运、航空、管道五种运输方式都具有这种功能,所以在这五种运输方式中,前四种都可以进行人员的位移。从理论上说,不同运输方式相互之间的可替代性是显而易见的,如石油的运输可以通过铁路,也可以通过公路和管道运输,尤其是在某一运输通道中,同一运输需求完全可以通过不同的运输方式来满足。虽然不同运输方式都有自己的技术经济特点,随着交通网的不断完善,各种运输方式之间的分工日益明显,在实际运输活动中,人们总是选择最适当的运输方式来满足运输需求,但不同运输方式之间的部分可替代性是客观存在的。

由于运输的这种部分可替代性,任何一种运输方式价格的变化,都会引导社会资源通过市场方式调整在各种运输方式之间的分配,最终实现运输产业结构的合理化,促使运输资源得到最佳配置和充分利用。

(二)运输需求的一般规律

运输需求规律,是指揭示运输需求的生成机制、空间分布及其增长、演变一般特征的规律。生成规律、分布规律和增长规律是运输需求的三个基本规律。运输需求规律是影响运输需求的各种因素综合作用的结果。

1. 运输需求的生成规律

(1) 运输需求生成能力的客观基础

影响运输需求的各种因素相互作用、交叉作用而形成的力的多边形是构成运输需求生成能力的客观基础。在经济结构相同或相近的情况下,那些经济实力雄厚、总体发展水平较高的地区,一般都具有较大规模的客货生成量,其空间经济势能也较强,对外界有较强的辐射力和吸引力,其产品和人员往往都大出大入;而经济规模较小的地区,对外的辐射力和吸引力都很有限,因而所形成的运输需求也有限。一般来说,客货生成量与经济规模之间呈正相关关系,但经济规模和发展水平并不是决定客货生成能力的唯一因素。虽然不同区域的其他条件基本相同,但因经济结构不同,决定其货物生成的能力也不相同,因而可以修正上述总体经济规模与货物生成量之间的关系。总体来说,以资源开发为主和以重化工业为主的城市和地区,其货物生成能力较强,因而其总货运需求规模要比同等经济规模的城市和地区要大;而以轻纺工业为主的城市和地区,其货运生成能力较小,货运需求的规模也较小。在我国各省区中,采掘业占比较大的黑龙江、内蒙古、宁夏、山西等省、自治区,货物生成能力较强,而西部大开发战略的推行,使我国西部的新疆、青海、自治区的货运量均有明显上升。

城市是工业生产活动的集聚点。也是运输联系的中心和客货生成的高集聚点,因此城市状况也是影响运输需求生成能力的重要因素。作为区域经济中心的城市,其经济规模、经济结构的差异及空间势能使其在该地区客货运输需求生成中的地位和作用有明显的不同。城市性质和产业结构的不同,也与货运生成量有直接的关系。大城市具备政治、经济、文化中心等多重功能，工业综合发展水平高，客货生成与城市总体规模之间有明显的规律性，呈线性相关关系；中小城市由于经济结构不平衡性较强，专业化特色比较明显，因而货物生成与经济规模之间的关系呈不规则状态，需要具体分析。在城市中，以能源开发为主的城市（如四川的攀枝花、黑龙江的大庆、新疆的克拉玛依）和以冶金为主的城市（如辽宁的本溪、鞍山）其货物生成能力明显高于同等规模的城市。

(2) 货运需求生成能力的演变

货运需求生成的变动趋势是随着经济发展水平的提高先升后降的，变化情况较为复杂，而且不同类型的国家情况又有所不同，需要具体分析。

以西方工业发达国家为例，其工业化是从轻工业起步的，在产业革命以后一个比较长的时间里，轻工业在国民经济中占据主导地位，在这一阶段，经济增长引起货物生成密度和货运强度的增长，但增长的速度并不快；电力革命出现以后，重工业逐渐代替了轻工业并占据主导地位，此间由于采掘业、原材料工业迅速崛起，经济结构层次相对较低，经济发展又多以粗放经营为主，单位产值所消耗的能源和原材料数量很高，产运系数大，因而单位产值所引起的运输需求也很大。一般来说，当各国进入重化学工业化时期，货物运输需求就达到了顶点。当制造业逐渐取代了采掘业、原材料工业而在国民经济中占据主导地位之后，情况就有了重大变化。这时，由于科学技术在经济发展中的作用不断强化，经济的发展逐渐由粗放经营方式向集约经营方式转变，单位产值所消耗的能源和原材料都呈下降趋势，因而产运系数下降，单位产值的运输需求减少。到了工业化后期，尤其是后工业化阶段，能源和原材料工业成为夕阳产业，在国民经济中的比重大大下降，制造业进入深加工、精加工阶段，原材料和能源的消耗进一步下降，高新技术产业的兴起使产品的附加价值增大，单位产值所消耗的物质资料进一步减少，再加上交通运输网的不断完善和运输管理水平的提高，不合理运输部分也大大下降。虽然在上述变化趋势中也有一些促成货物生成量和货运密度增长的因素，如机电工业的专业化分工造成零件、部件等中间产品的往返运输增加，以及从国外进口的货运量增加等，但这些促其增长的因素往往被促其下降的因素所抵消，所以在工业化后期，货运生成能力与经济发展水平在总体上还是呈反方向变化的。

我国的工业化道路与西方国家不同，不是由轻工业起步，而是走优先发展重工业的道路，因而在工业化的起步阶段就出现了货运需求迅速增长的时期。1978年实行改革开放政策以来，国民经济结构向着更加合理和高层次方向发展，农轻重比例更加协调，尽管产品产量大幅度增长、商品流通更加活跃、货运量和货运周转量都在迅速增长，但货物生成密度和货运强度仍然呈现下降的趋势。

（3）客运需求生成能力的演变

客运需求生成能力动态变化的一般趋势不是随着经济发展水平的提高先升后降，而是一直呈增长的趋势，但不同时期表现出不同的特点。在工业化和城市化的初期阶段，由于商品经济发展的水平较低，此时人们出行的主要目的多是谋生。生活出行只是在十分必要的情况下才会发生，因此这时的客运需求主要以生产性客运需求为主，旅客生成密度和客运强度处于低水平阶段，增长也比较缓慢。到了工业化和城市化中期阶段，商品经济的发展速度加快、发展水平提高，劳动生产率提高，而人口增长速度也相对较快，人均收入水平有较大幅度的提高，余暇时间也有所增加，此时除了人们以谋生为目的的出行继续增长之外，以消费为目的的出行，如以消遣、娱乐、增长知识、扩大视野为目的的出行，出现了大幅度增长的趋势，并且由于运输网不断趋于完善，汽车拥有量也在增加，人们越来越多地将乘坐不同交通工具、途径不同、地点的不同交通线路作为旅行的目的之一，甚至个人驾车出行也成为旅行的内容。由于这一时期不仅生产性客运需求在继续增长，而且消费性客运需求更有加速增长的趋势，因此旅客生成密度和强度都迅速增长。到了工业化和城市化的后期，以至进入后工业化阶段以后，旅客生成密度的增长进入低速阶段，甚至出现停滞。这是因为经济发展水平虽然在进一步提高，但人口出生率下降；人们生活水平的提高主要表现为生活质量的提高；电子计算机和现代通信手段、互联网的进一步发展替代了一部分旅行需求；

旅行需求对于舒适程度的要求和对于时间的要求越来越高,因而客运需求由数量增长型阶段进入质量提高型阶段。

中国仍然是一个发展中国家,发展不平衡、不充问题依然存在。但从总体上来说,改革开放以来,随着商品经济的迅速发展和人均国民收入的增加,旅客生成密度和强度已进入了迅速增长期。要注意的是,各经济带和省区的具体情况会有所不同。

2. 运输需求的分布规律

运输需求的分布规律是指运输需求的生成量在空间上的分布及其动态变化的基本规律。运输需求的分布规律与运输需求的生成规律是有密切关系的,研究运输需求的生成规律是探讨运输需求生成的内在机制。研究运输需求的分布规律是探讨生成量在空间上分布的规律性,前者是内生的,后者是外现的,前者侧重于对局部的分析,后者侧重于对全局的分析,二者既有联系又有区别。

(1) 运输需求空间分布的客观依据

经济活动是一个极其复杂的体系,这个体系是由各种能源流、商品流、信息流、资金流和人员流等把农村和城市、工厂和矿山、商店、仓库、金融机构、各种交通线和场、站、港口及交通枢纽等连接在一起而组成的。这个经济体系的运转过程包括生产、交换、分配和消费等各个环节。这一系列经济活动都是在特定的时间和具体地域上进行的,是在时空统一的过程中向前发展的。然而,经济活动又总是在那些条件最为有利的地区先起步,然后再逐渐向其他较为有利的地区推移,循序渐进地向前发展。从经济活动的空间结构变化来看,工业化是按照"点—轴—带"的顺序推进的,即大工业首先集聚在条件比较优越的城市,然后沿交通干线和电力、通信等重要基础设施的轴线延伸发展,继而向周围地区进行放射性扩散,经过长时期的开发和建设,在国或一个地区形成若干个由各类城市以及各类工业、商业、金融机构等组成的各类经济活动密集的重要的带状集聚区——产业带。产业带的形成是经济较为发达的空间结构标志,也是经济技术获得进一步发展的、有利的空间结构模式。然而,与其同时并存的必有一些与其相比经济不太发达、欠发达和十分落后的空间地域。这种情况已经被各国经济发展的情况所证实，这也就是经济学家们所说的经济发展不平衡。经济发展不平衡是现代大经济通过"点—轴—带"模式向前推进的必然结果，而经济发展不平衡又是运输需求空间分布不平衡的直接原因和基本依据。如前所述，无论是客运需求还是货运需求，都与经济发展水平有直接的关系，因而在特定的时间限度内，由于不同区域的经济发展水平不同，运输需求的分布也总是不平衡。目前我国珠江三角洲、长江三角洲、京津唐地区，经过长时间的开发和建设，已经形成若干比较密集的城市和工业区。以上海浦东为龙头的整个长江沿岸地区的开发正在形成我国最重要的产业聚集带，正在发展的环渤海地区和新亚欧大陆桥沿线、京九铁路沿线也将成为我国重要的产业带。毫无疑问，这些产业带及带上的各个点，都是运输需求分布的密集带和密集点。

此外，由于不同地区的气候、土壤等自然条件的不同以及矿产资源分布的不平衡，也存在特点不同的经济区域。如东北的粮食产区、新疆的棉花和其他经济作物产区、煤炭和金属以及非金属矿产区等等，这些不同特色的经济区域和工业带同样也成为运输需求分布的密集区。处于重要运输通道上的地域，尤其是港、站、枢纽点地区，因为其不仅负担本地区的运输任务，而且承担大量的通过（过境）运输任务，因此也成为客货周转量分布的密集区或密集点。

（2）运输需求的静态分布

客货运需求生成总量的静态分布从总体上来说呈现出不平衡性，一般来说，发达地区分布比高、不发达地区分布比低是其基本特征。

货物生成密度和货运强度的分布有所不同，也就是说，不一定是经济发展水平越高的区域，其货运密度和强度分布比就越大。例如，我国中部地区是货物生成密度和强度最大的地区，但并不是经济发达地区。这是因为这一地区的产业结构比较特殊，资源密集型产业集中，因而其位势上要高于东部发达地区，为全国最高区。

客运量的分布与货运量的分布也有明显的差异性。例如：我国山西省是能源大省，其货运分布比高于客运分布比；江苏省是我国经济最发达的省份之一，但其客运分布比高于其货运分布比。这主要是由产业结构造成的，而不是由经济发展水平造成的。

3. 运输需求的增长规律

运输需求起源于社会经济活动，而社会经济的发展及增长速度具有一定的规律性。通常情况下，经济繁荣带来运输需求的增长，经济萧条带来运输需求的下降。在国际运输中，由于运输需求是由世界经济和国际贸易派生出来的，其发展变化同世界经济和国际贸易密切相关，但由于国际贸易和国际运输的特点，世界经济活动的兴衰反映到国际运输需求方面往往有一定的时间滞后。正是因为运输的这一特点，可利用经济发展指标来预测运输需求。

（1）货流增长与国民经济增长的一般趋势

货流形成是由于社会再生产的进行，国民经济各部门、各地区的生产消费之间在地区上和时间上的不平衡引起的，关键又取决于生产力的配置和运输网布局以及不同的产销联系。

①从长期发展趋势来看，工农业生产特别是整个国民经济的发展同货运量的比例有关，其总体趋势是生产增长快于运量的增长，亦即国民生产总值的增长快于货物周转量的增长。

②从短期发展趋势来看，在工业化初期，往往是运输量的增长速度超过国民经济的增长速度；在工业化中期，货运量增长速度与国民经济增长速度趋于一致。

（2）货物平均运距发展的一般趋势

无论是在工业化初期、中期还是后期，货物平均运距一般都有延长的趋势。

①科学技术的飞速发展，使各种运输工具的技术经济性能不断改善，即运输工具的平均经济运距在逐年延长。

②市场经济的发达使商品交流范围扩大，从而使货物的运距延长。

③运输基础设施不断完善。例如：高级公路网的建成，使公路运输的运距延长；大型机场的建成通航，因可以起降大型运输机而延长运距；全国通航河流渠化工程采取统一最低水深标准，在流域之间尽可能用运河连接起

来,可以使内河运距延长等。

(3)货物运输增长速度的一般趋势

货物周转总量:年平均增长率趋于减速,但平均绝对增值量日趋增大。货运量:无论是年平均增长率还是年平均增长量,总的趋势是减退。

(4)客运发展的一般规律

①客运发展速度。我国客运的增长速度不一定是逐年递增,但一直保持在一个较高的增长速度水平上,每年的绝对增长量保持连续增长。随着市场经济体制的发展、人民生活水平的进一步提高,客运增长的趋势将更加明显。

②客运距离的发展趋势。在我国,随着生产力水平、生活水平的不断提高,以及城市文化程度和人口集中的加速,在客运总量中,出现中、近距离运输相对增加,而总的平均运距有所缩短的趋势。

第二节 交通运输与可持续发展

一、交通运输与社会经济的可持续发展

(一)可持续发展的内涵

可持续发展的定义,是1987年世界环境与发展委员会在《我们共同的未来》中提出的,我国学者将该书中的定义翻译成中文时,出现了不同的表述,但基本内涵都是由此产生的。国际上关于可持续发展的定义有百余种之多,最具有代表性的定义可以概述如下。

1. 着重从自然属性定义可持续发展

"持续性"这一概念是由生态学家首先提出来的,即所谓的生态持续性,旨在说明要达到自然资源存量与开发利用之间的平衡。1991年11月,国际生态学联合会和国际生物学联合会共同召开了可持续发展的专题研讨会。该研讨会发展且深化了可持续发展概念的自然属性:"保护和加强环境系统的生产和更新能力。"从生物圈概念出发定义可持续发展,是从自然属性方面

表示可持续发展的另一种代表,即认为可持续发展是寻求一种最佳的生态系统,以支持生态的完整性和人类愿望的实现,使人类的生存环境得以持续。

2. 着重从社会属性定义可持续发展

1991年,世界自然保护同盟、联合国环境规划署和世界野生生物基金会共同发表了《保护地球——可持续发展生存战略》,其中提出的可持续发展定义为"在不超出维持生态系统涵容能力的情况下,提高人类的生活质量",并且提出可持续生存的九条基本原则,既强调人类的生产方式和生活方式要与地球承载能力保持平衡,保护地球上的生命和生物多样性,又提出了人类可持续发展的价值观和130个行动方案,着重论述了可持续发展的最终目的是人类社会,即提高人类的生活质量,创造美好的生活环境。只有创造一个保障人们平等、自由、人权的环境,使人们的生活在这些方面都得到改善,才是真正的发展。

3. 着重从经济属性定义可持续发展

着重从经济属性定义可持续发展的定义认为可持续发展的核心是经济发展。《经济、自然资源:不足和发展》中把可持续发展定义为在保持自然资源的质量及其所提供服务的前提下,使经济发展的净利益达到最大。还有的学者提出,可持续发展是今天的资源使用不应减少未来的实际收入。这里的经济发展已不是传统的以牺牲资源和环境为代价的经济发展,而是不降低环境质量和不破坏世界自然资源基础的经济发展。

4. 着重从科技属性定义可持续发展

没有科学技术的支持,人类的可持续发展便无从谈起。有的学者从技术选择的角度扩展了可持续发展的定义——可持续发展就是转向更清洁、更有效的技术,尽可能接近"零排放"或采用"闭路循环"的工艺,尽可能减少能源和其他自然资源的消耗。还有的学者提出,可持续发展就是建立极少产生废料和污染物的工艺或技术系统。他们认为,污染并不是工业活动不可避免的结果,而是技术差、效益低的表现。

(二) 交通运输可持续发展的内涵

交通运输可持续发展是在可持续发展理论背景下,基于既有运输体系存在不可持续性因素这一现实而提出的，因此，交通运输可持续发展的焦点就在于如何按照可持续性的基本要求实现交通运输与经济、社会、生态的协调发展以及交通运输部门自身的发展。由此，我们应该从以下三个方面理解可持续运输的基本内涵。

1. 交通运输的经济可持续发展

交通运输系统作为社会经济系统的一个子系统，其可持续发展是社会经济可持续发展的重要组成部分。可以说没有交通运输的发展就谈不上社会经济的发展；社会经济要实现可持续发展，如果没有相应的可持续的交通运输系统支持也是不可能的。传统的交通运输发展模式同传统的社会经济发展模式一样，具有与资源、环境不相协调的缺点，因此，为适应社会经济可持续发展的要求，交通运输必须采取可持续发展战略，也就是要改变传统交通运输发展模式的资源和环境特性，推进交通运输的可持续发展。

交通运输的经济可持续发展包括两层含义：

（1）从运输与国民经济关系的角度，要求运输应满足经济社会可持续发展对运输资源的需求，即运输体系要与国民经济和社会发展相协调。

（2）从运输系统内部角度，要求实现交通运输效率，即经济与财务的可持续性。是指交通运输必须保证能够支撑不断改善的物质生活水平，提供较经济的运输并使之满足不断变化的需求，追求运输经济效益，实现运输资产的良性循环。

2. 交通运输的社会可持续发展

运输的社会可持续性，即要充分运用运输对消除贫困以及对落后地区的拉动等功能，充分发挥运输对社会公平的调节与改善作用，同时，运输发展所带来的利益应在社会的所有成员间公平分享。

要实现交通运输的社会可持续发展，必须转变价值观念。即交通运输建设要由单纯追求数量扩张的传统观念向注重综合效益和长期影响的可持续发展的转变，交通运输消费要由满足个体需要向兼顾公众利益的观念转变，交通运输管理要由单一的被动疏解向源流并重的双向控制观念转变，实现社会可持续性。

3. 交通运输的生态可持续发展

交通运输的生态可持续发展，即要求在推进交通运输系统建设与发展的同时，重视对生态环境的保护和资源（主要是不可再生资源）的合理开发利用；在强调交通路网、河道扩张的同时，注意对交通系统的监管，保证交通运输与环境、生态保持协调与相容的关系。

（三）交通运输与社会经济可持续发展的关系

运输是发展的关键，如果没有为工作、健康、教育和其他令人舒适的环境提供便利的交通设施，生活质量就会变差；如果没有通向资源和市场的运输设施，经济增长就会停滞。然而，不适当的运输战略和项目，也会给运输网络和运输服务造成这样的结果：破坏环境，忽视用户不断变化的需要和超出公共筹资的能力。

1. 交通运输与社会经济发展的关系

18世纪工业革命，工业大生产分工的同时，也产生了交通运输业，并使之成为独立的产业部门参与社会生产。交通运输业自从产生那天起，便成为推动经济发展的重要力量，成为经济结构中的基础产业和先行部门。随着社会及交通运输业的进一步发展，交通运输业更多地体现出了对社会政治生活的影响，真正成为社会经济系统的不可分割的重要子系统。经济的发展要求交通运输同步增长，生产和运输的规模呈现出一定比例关系。例如，在一个地区、国家乃至大洲的发展进程中，常常有潜在的发展可能性被充分开发出来，良好的运输和通信联系往往能起到决定性的作用。相反，交通运输基础设施的落后往往导致干扰、延缓这些优势的发挥和不必要的开销。经济与运输基础设施的这种特性存在于经济发展的每一个阶段。

2. 对交通运输可持续发展的不同要求

交通运输业的可持续发展是社会经济可持续发展的一个重要组成部分，它的发展必须符合社会经济可持续发展的总体目标，脱离社会经济发展要求的交通运输业是毫无生存价值的。反之，社会经济要实现可持续发展，如果没有一个相应的可持续的交通运输系统支持，社会经济的可持续发展也同样无法实现。事实上，人们已经认识到，社会经济可持续发展的一个重要议题就是交通运输可持续发展问题。同传统的社会经济发展一样，交通运输发展模式在许多方面存在不利于可持续发展的因素。为满足社会经济可持续发展的需要，也为了交通运输业自身的发展，必须改变传统交通运输发展模式的资源和环境等特性，建立社会经济需要的可持续的交通运输体系。

世界各国的社会经济发展水平并不相同，由社会经济可持续发展与交通运输可持续发展的关系决定，在实施社会经济可持续发展战略时，对交通运输可持续发展策略也提出了不同的要求，体现出来的交通运输系统可持续发展的侧重点和所追求的目标也不尽相同。对于发达国家来说，一般具备了较为通畅的交通运输网络和体系，能为社会经济发展提供较为良好的交通产品，人们感到的不是"发展"的压力，更多的是"可持续"的压力，因而，其可持续发展的重心，更主要地放在可持续问题上，人们更加迫切地要求有一个更洁净、更安全和更安静的环境等。发达国家交通运输可持续发展的目标侧重于环境保护和资源（特别是能源）的有效利用，运输系统运转效率的提高，新运输技术（如节能和环保）的研究、开发和应用。发展中国家情况则有所不同，社会经济正处于发展阶段，交通运输基础设施还比较薄弱，运输需求和运输供给的矛盾仍比较突出，而社会、经济的发展需要都要求交通运输系统提供最低限度的运输供给能力，没有交通运输的发展，根本不可能有社会经济的发展，也就谈不上社会经济的可持续发展了。对于这样的国家，首先必须发展，没有发展，就谈不上可持续问题。因此，发展中国家交通运输可持续发展的目标更侧重于发展。对发展中国家来说，交通运输的发展是第一重要因素，其交通运输可持续发展首先必须适应社会经济可持续发展的要求，尽快建立一个与其社会经济发展要求相适应（或适当超前）的交通运输系统，为社会经济可持续发展提供良好的基础。在注重发展的同时，也要充分考虑可持续问题，重视资源的合理利用和环境保护，尽力避免发达国家在资源利用和环境保护问题上所犯过的错误，从而达到促进社会经济可持续发展的目的。发展中国家的交通运输可持续发展战略和策略选择，面临更为艰巨的任务和严峻的挑战。

（四）经济与社会对交通运输发展的基本要求

1. 可持续发展对运输网络建设和发展的基本要求

交通运输需求不是本源需求，人们对交通运输的需求只是为了实现其他本源需求的一种手段，离开社会经济的需求，交通运输的发展是毫无意义的。交通运输的可持续发展必须紧紧围绕社会经济可持续发展的总体目标进行。

对于发达国家，已经具备了发达的交通网络和数量庞大的交通工具，其对交通网络的建设已经没有更大的压力。对于发展中国家，社会经济水平相对落后，一般交通运输还制约着社会经济的发展，因此，建立满足可持续发展的交通网络仍是十分重要的课题。

为从根本上扭转交通运输业总体能力不足的局面，必须花大力气继续加强交通运输基础设施建设，满足社会经济可持续发展的需要。交通运输的建设规模和发展速度既要适应经济和社会发展的需要，使运输能力的增长与经济和社会的运输需求保持合理的比例关系，又要使运输网的布局适应工农业生产布局、商业外贸布局、旅游布局以及人口分布的需要。必须在正确把握社会经济发展需求的基础上，建成一个总体规模适度、结构优化、布局合理、技术先进、优质高效、效益良好的综合运输体系。在进行运输网络规划时，要充分考虑将来社会经济发展的需求和科技发展对交通运输的影响，考虑到交通运输发展对国家的战略意义，使交通运输网络的建设具有一定的适应性、预见性和适度超前性，避免一些发达国家走过的弯路。以可持续发展的思想为基础，充分估计建设项目对生态环境、空气环境、社会环境带来的影响，以小的环境代价达到支持社会经济发展的目的。用适当的方法计算运输外部费用，包括破坏自然景观及自然生态环境等的损失以及环境保护设施的建设投资等，正确评估交通运输项目的总费用。考虑公平性原则，重视偏远地区对交通可达性的要求。在建设新的交通网络的同时，更应改造已有的运输网络，减少对土地等资源的过度消耗。

对于铁路、公路、水路、民航、管道这五种运输方式，要合理配置，充分发挥各种方式的优势，保持相互之间协调配合，发展综合运输体系，把各种运输方式的优势组合起来，避免重复建设，节约运力，提高整体综合能力。

对于我国来说，由于各地区社会经济发展不平衡，导致运输网络布局也很不平衡，特别是中西部地区尤为薄弱。随着全国经济建设的重点逐步向中西部地区推进，在全国综合运输体系的建设中，除了继续强化东部地区的交通运输基础设施外，还要着重加强中西部地区交通运输基础设施的建设，这样才能服从并服务于国家经济发展的战略部署。

2. 可持续发展对交通运输工具的基本要求

运输工具既是客货运输的载体，又是能源的直接消耗者和环境污染的直接产生者。可持续发展运输体系对交通运输工具的基本要求应该是既能以足够的能力和多样性的服务满足各种运输数量和质量需求，又能适应社会对降低能耗和减少环境污染的发展要求。

(1) 低能耗及能源多样性

现在的交通运输工具大多以石油的制成品作为动力，这些交通运输工具每年要消耗全球石油产量的一半以上。今后的运输工具一方面要积极降低能源消耗，提高单位燃料所能行驶的公里数；另一方面要减轻对石油资源的依赖，积极开发和推广使用以其他能源为动力的交通运输工具，如电动汽车、电力机车、太阳能汽车及可用各种代用燃料（乙醇、压缩天然气、氢气等）的运输工具。

(2) 清洁及污染少

交通运输工具保有量激增，使得运输工具排气污染问题引起了全球的普遍关注。减少大气污染，实行清洁运输是可持续发展运输体系的基础。对运输工具来说，最主要的就是在出厂之前就采取各种污染防治措施，因为这比在出厂后再去安装防治污染装置更为容易和有效。汽车是最大的大气污染源，采取电控燃油喷射、三元催化转化器、废气再循环等污染控制技术是降低污染、改善大气环境质量的主要措施，使用以清洁燃料为动力的运输工具也是今后的发展方向。

（3）多样性

旅客和货物运输需求的多样性决定了交通运输工具也必须呈现多样性。客运方面，既要有速度快、适合长途旅行（特别是国际旅行）的飞机，适合中长距离的火车和长途汽车，又要有方便灵活的小汽车。在城市交通工具中，既要有相对经济的公共汽车、轨道交通等大众交通工具，又要有舒适的小汽车和出租车以及灵活机动的自行车和摩托车。货运方面，不同的货物也需要不同的运输工具，如石油等液体货物需用油轮、罐车或管道，集装箱需用集装箱车（船），鲜活易腐货物需用冷藏车等。

（4）大型化、专用化、高速化

为了降低能耗和运输成本，提高运输效率和效益，货物运输工具的发展重点应是大型化、专用化；旅客运输工具的发展方向是高速、安全和舒适。

3. 可持续发展对交通运输管理的要求

交通运输业是国民经济的重要支柱和基础产业，国家有必要对交通运输实施有效的组织和管理，以促进交通运输业的合理发展，确保运输服务的有效供给，最大限度地满足社会经济发展的需要，安全、经济、方便、高效地完成运输任务。

（1）交通运输管理体制革新

交通运输管理体制是国家经济管理体制的重要组成部分，体现了国家对交通运输管理的基本方针、根本原则，体现了政府与交通运输之间的关系、权限划分和管理方式。交通运输管理体制与国家经济体制模式有很大关系。从管理单一运输方式转变为综合管理多种运输方式，从直接管理交通运输企业转变为间接管理交通运输企业，从每种运输方式的单一规划、建设转变为综合运输体系的集中统一规划和建设。

（2）交通运输管理现代化

运输管理现代化必须体现系统管理的思想，强调管理的信息化、数据化和最优化。建立以计算机技术、通信技术、控制技术、网络技术和数据库技术等支撑的管理信息系统已成为当前世界各国加强交通运输管理，实现交通运输系统可持续发展的主要措施。

4. 可持续发展的交通运输对公众的基本要求

可持续发展是一种与传统发展观完全不同的新的发展观念，它的实现不但需要政府行为、企业行为的支持，更需要每个公民自觉地参与。公众参与不仅指公众积极参加实施可持续发展战略的有关行动或者有关项目，更重要的是人们改变自己的思想，建立可持续发展的世界观，进而用符合可持续发展的观念去改变自己的行为方式。以往的环境保护的公众参与往往停留在珍惜自然、爱护环境上，而可持续发展的公众参与不但要珍惜环境资源，还要在产品的生产与消费和废物的循环（利用）与处置等过程中合理操作，追求效率和公平。这就涉及人们意识和观念的转变，要争取实现人类在代内和代际间的公平福利。这种公平关系意味着穷人和富人都应参与可持续发展进程，并且具有同等的参与权、分配权和发展权；意味着上代人和下代人都具有责任和权利，是多代人的共同参与。从某种意义上说，公众参与是可持续发展从概念到行动的关键。

公众参与在交通运输上最直接地表现为出行的文明化。出行是人们的一种社会活动，是指人员、车辆或货物从出发点（起点）到目的地（终点）移动的全过程。目的在于实现人员流动的出行，称为客流或客运；目的在于实现货物流动的，称为货流或货运。客运的出行方式有步行、骑自行车、骑摩托车、乘公共汽（电）车、乘出租车、驾驶个人小汽车、坐火车、乘飞机等。货运的方式有肩挑、牲口驮运、机动车载运、火车运输、船舶运输等。

人们根据各自的目的，选择适合各自的出行方式。各种不同的出行方式汇集形成的交通运输流对交通运输系统的规划、管理和建设起着重大作用。公众作为可持续发展参与的主体，出行的文明化是建设可持续发展的交通运输体系的一项重要内容。

（1）出行方式选择的合理化

不同的出行方式之间存在着一定的可替代性，这种可替代性在城市交通中更为明显。乘公共交通工具、乘出租车、自己开小汽车或骑自行车等都有可能满足出行的需求，因此，出行方式的合理选择便显得十分重要。可持续发展的运输体系特别强调在满足交通需求基础上合理利用资源和保护环境。

在选择出行方式的时候，应该考虑在满足出行目的的基础上，尽量选择环境污染小、能源消耗低的出行方式（如各种公共交通、地铁、火车等），同时还应尽力避免在行车高峰时期出行，以减少高峰时间的出行量。如果出行方式选择合理，那么既可以保护环境、减少能源消费，又可以减少交通流量，优化交通运输结构，提高运输系统的效率。

（2）出行行为的文明化

公众在选择了合理的出行方式后，其出行行为的文明与否就显得至关重要。这就要求出行的人们有较强的交通法规意识和交通道德观念，遵守各种交通法规和交通运输管理条例，维护正常的交通秩序并在出行时注意保持环境卫生，不随意抛弃废物，文明出行。

二、交通运输可持续发展必须遵循的原则

要实现交通运输的可持续发展，一方面，交通运输的发展必须与我国的经济社会发展需求和资源环境容量相适应；另一方面，必须为我国经济社会的持续、健康、快速发展奠定物质基础。在这一总体思想下，我国交通运输的发展应当遵循以下原则。

（一）有利于经济发展的原则

交通运输是经济发展的必要前提，即便不能称为经济活动的"火车头"，也是经济增长的"车轮"。发展交通运输，有利于资源的优化配置和统一市场的形成，促进商品和服务的流通，提高我国参与国际贸易和国际分工的能力；有利于降低生产成本，且能带动相关行业的发展，改善投资环境，吸引外资，增加就业机会等。我国改革开放40多年的快速增长，经济有条件实现可持续发展，这也需要交通运输能力有一个较大的提高。同时，交通运输基础设施建设也是当前扩大内需、启动市场的一条重要途径，更能为中长期发展提供基础。

（二）以人为本的原则

经济发展的目的是满足人们日益增长的物质文化需要，因此，交通运输的发展也要满足人们不断变化的需求。在我国完成第二步战略目标、人民生

活达到小康水平之后，人们的消费需求有了更多的选择，人们更注重生活质量的提高，"出行"在消费支出中的比重呈上升趋势，人们不再满足于普通的客运服务，更需要有高质量的服务。交通运输的发展要适应这种形势变化的需要，将提供快速、准时、舒适和安全的服务作为交通运输发展的原则之一。

（三）提高整体竞争力的原则

交通运输对每一种商品生产来说都是成本的一部分，如果交通运输费用高，商品价格就会提高，商品就会失去竞争力。国际经验表明，尽可能完备和实用的基础设施是决定一国参与国际竞争能力的关键因素。交通运输的发展要有利于降低成本，增强制造业的竞争力，并在整体上提高国家的竞争力。提高交通运输效率是提高竞争力的一个重要途径。一是要缩短人员、物品在交通中所耗费的时间；二是优化配置各种交通运输资源，提高资源的利用效率；三是要加强管理，提高服务质量。加强交通运输体系的管理，特别是规范各种交通运输税费的征收，是当前提高经济整体竞争力的另一个重要的途径。随着我国经济的发展和社会主义市场经济体制的建立，更多的非国有投资介入交通运输建设，加快了交通运输的发展和市场化的进程。在这一过程中，由于管理经验不足和管理体制不健全造成的过高的交通运输收费，也增加了生产和营销的成本。

（四）环境友好的原则

交通运输基础设施的建设，应当有利于减少交通拥挤现象，提高平均车速，缩短运输里程，从而达到减少污染物排放总量的目的。我国交通运输的发展，特别是城市交通运输体系的构建、交通运输方式和交通工具的选择及其组合，必须遵循在等运量的前提下产生的环境污染荷载最小，对生态造成的损失最小的原则。

（五）保证国家安全的原则

可持续发展的前提之一是国家安全，这是《里约环境与发展宣言》的原则之一，即保障国家主权完整和领土不受侵犯。国家安全包括国防安全、经济安全、社会安全、环境安全等方面。随着技术的进步，现代战争是常规交通运输所不能满足的。交通运输体系的构建，应立足于平时的经济建设，但也应当与通信等设施建设相互配套，以防在外部入侵或内部洪涝、地震等灾害事件突发时，有利于信息的传递、救援部队的派遣、应急物资的运输、被困人员的疏散等，以保证国家和人民生命财产安全。

（六）系统最优的原则

交通运输体系的构建是一个系统工程，应根据系统最优的原理，进行各种交通运输方式的优化配置，单一交通运输方式内部的合理布局，兼顾社会效益和经济效益的统一，国家利益、地方利益和部门利益的统一。各种交通运输方式之间既竞争又互补，要发挥各自的优势，综合集成，达到系统最优。具体地说，一是要在铁路、公路、航空、管道、水运这五种交通运输方式之间进行合理配置和优化；二是在单种运输方式内部进行合理布局，优化线路的空间布局，避免和克服运力过剩和运力严重不足同时并存的弊端；三是要不断创新，依靠科技进步，开发对环境无害的交通运输工具，提高交通运输中的科学技术水平；四是要实现社会效益和经济效益的统一，国家对那些社会性、公益性的交通运输项目，对国土开发型的、用于国际目的和用于扶贫目的的铁路、公路或水路等交通运输基础设施项目的建设，要统筹规划、优化管理、超前建设，构建管理科学、竞争有序、优势互补的综合交通运输体系。

三、中国交通运输可持续发展战略

（一）发展与调整

在运力结构上，要使各种运输方式能够充分发挥各自的比较优势，就要充分发挥成本较低的水运和铁路在大宗物资，特别是煤炭、粮食、矿产和建材等方面的运输优势。公路运输要注意发展零担运输和快件运输，以适应小批量、时效性较强货物的运输需要。航空运输的发展方向是重点发展长距离旅客运输，发挥民航运输的速度优势。要努力提高成品油、煤炭等管道并行运输的管道运输比重。

在布局结构上，既要注意满足运量繁忙地区的运输需求，消除"瓶颈"，提高运输效率和质量，也要重视欠发达地区的交通运输基础设施的建设，为欠发达地区的经济发展提供最重要的基础条件。

在技术结构上，要逐步提高装备技术水平，以提高交通运输业的经济效益，降低资源消耗和污染排放水平，从而有利于可持续发展目标的实现。铁路要大范围开行重载列车，发展高速铁路；提高铁路运送速度，以适应经济活动节奏加快的需要；发展电力机车和内燃机车，减轻对环境的污染。公路运输要提高货运车辆的载重能力，降低单位运输成本；发展高档客车，适应高速公路客运发展需要；提高车辆的排放标准，减轻对环境的污染；发展专用运输车辆，如集装箱、散装、冷藏、危险品等运输车辆，提高运输的效率、质量和安全性。水运要发展适应客货运输要求的专用船舶，如集装箱、冷藏、旅游、气垫等船舶。航空要发展大型运输飞机，提高运输效率，降低成本和能耗。

（二）建立政府与企业职能分工明确的体制

我国已经明确提出了建立社会主义市场经济体制的目标，并努力推进为实现这一目标的一系列改革。政企关系的改革是其中的一个重要内容。只有政府职能与企业职能得到明确的区分，才能使企业真正成为自主决策、自主经营的独立市场主体，使企业具有足够的不断改善经营绩效的内在激励机制。虽然为发展提供基础设施是市场经济条件下政府的基本职责之一，但是在基础设施的运营管理上必须采取商业化管理的方法。针对铁路所具有的公共产品的性质，应当以法律形式界定国家与铁路运输业的关系，为铁路运输业实行市场化经营创造条件。在此基础上，国家应放松对铁路运输业的管制，确立铁路运输价格市场形成机制，使铁路运输业真正转型为市场主体，从而能够依据运输市场状况进行独立决策和经营。

（三）经济效益与社会效益的兼顾和统一

交通运输设施作为最重要的社会基础设施和公共产品，既可以发挥巨大的经济效益，又具有重要的社会效益。国家在对交通运输设施进行规划和布局时，必须从全局的角度进行考虑，兼顾经济效益和社会效益，二者不能偏废。

一般而言，在交通运输需求达到一定规模之后，交通运输业在满足交通运输需求、为全社会创造经济效益和社会效益的同时，可以通过合理的运价对所提供的运输服务收取报酬，使运输企业本身也收到较好的经济效益。但在欠发达地区、边远地区等，由于一般运输需求较少，从运输企业的角度来说，就难以得到较好的经济效益；从政府的角度出发，则必须考虑为居民提供必要的出行条件，为欠发达地区的地区发展提供必要的交通基础设施，乃至维护国家安全和社会稳定等社会效益方面的内容。国家在对交通运输设施进行规划布局时，不仅要布局那些从交通运输企业的角度来说经济效益好的线路，还必须从社会效益的角度出发，布局一些从交通运输企业的角度来看无法盈利、无法实现自负盈亏的线路。

对于这种市场经济体制下交通运输业的商业化经营与公共产品性质之间的关系，应通过国家与运输企业之间建立一定的契约来加以处理。例如，在国家主要出于社会效益的考虑而规划建设的一些铁路线路，应明确规定国家和铁路运输企业双方的权利、责任和利益，当铁路运输企业在承担国家指令性运输任务中蒙受损失时，国家应依据契约给铁路运输企业以补偿。除此之外，运输领域原则上均应实现完全的商业化经营。通过这种方式，可以使交通运输业的商业化经营与公共产品性质相互兼容，从而既实现社会福利的最大化，又使交通运输业获得正常的收益。目前这一做法为典型的市场经济国家所普遍采用并被实践证明是成功的。

（四）立足当前，着眼长远

由于交通基础设施一旦建成，一般都可使用相当长的时间，在较长时期内产生影响和发挥效益，因此正确处理交通运输规划的长期目标和短期目标的关系是十分重要的。"立足当前，着眼长远"应当成为处理这一关系的基本原则。

具体来讲，在交通运输设施的建设规划上，在首先考虑满足当前运输需求的同时，还必须考虑未来运输需求的变化趋势，为未来的发展预留出空间和余地。在技术的选用上，既要考虑当前的经济承受能力，也要考虑未来随着经济的发展、人民需求层次的提高对采用新技术的要求，尽可能使未来的技术转换能够顺利进行。

（五）以科技进步作为交通运输发展的重要动力

科学技术是第一生产力。科技进步在经济生活中的重要作用已经得到广泛认同，各个产业部门均把科技进步作为推动产业发展的主要动力，交通运输部门也不能例外。依靠科技进步是全方位提高运输能力和运输效益的有效途径，因此要鼓励交通运输应用先进科技，根据我国国情，在重视开发和引进先进技术的同时，科学合理地确定适用技术，并通过引进、消化方面的努力，不断使当前阶段的先进技术成为下一阶段的适用技术。具体而言，需要从以下几个方面做出努力：

（1）加强科技人才的培养和引进。科学技术的关键基础是人才，因此要重视交通运输行业的人才引进、智力开发和继续教育，提高科技队伍的素质和能力，采取各种有效手段，以使人才队伍的建设能够适应交通运输领域的技术开发、引进和消化吸收的需要。

（2）加强对运输装备的研制和技术引进，逐步实现运输装备的现代化。

（3）改善交通运输的能源消耗结构。铁路要大力发展电力牵引，以节省燃油，汽车要扩大柴油比重，减少汽油耗用量，并积极寻求对空气污染较小的液化气等替代能源，积极研究发展电动汽车的可行性。

（4）改善旅客运输技术装备。为适应旅客运输在快速、安全、舒适等方面的要求，应加大铁路高速客车、分路高档客车及水运船舶的研制力度；改善客运场技术装备；采用计算机管理及联网售票等技术。

（5）研制开发联运装备、专用运输工具和配套设备。发展各种运输方式之间的联运是形成综合运输体系的重要内容。目前我国的联运水平还比较低，其主要障碍之一就是各种运输方式之间装备不匹配，影响联运的装卸、换装效率，因此必须注重联运装备的开发。同时必须开发引进和利用现代信息技术，因为运输信息的及时传递和处理是开展联运的重要基础条件。除此之外，还应开发适应集装箱、粮食、水泥、化肥、鲜活货物运输的专用装备。

（六）确立稳定的、有机结合的多元化投资体制和多元化融资渠道

改革开放以来，由于国民收入分配关系以及相关的社会储蓄结构的变

化，投资主体的多元化进展较快，交通运输产业的多元化投资格局和融资渠道的多元化已经在一定程度上实现。政府预算内的投资比例已经降到一位数，而且有进一步下降的趋势，来自企业积累、引进外资、银行信贷、证券投资和私人投资的份额在不断上升。但是我国运输基础设施的建设落后于经济发展的需要，落后于国际水平的现实还没有根本改变，今后仍有必要加大交通运输的建设投入，以实现交通运输的现代化。为此，需要在确立稳定的、有机结合的多元化投资体制和进一步开辟多元化的融资渠道方面做出努力。要通过立法解决投资利益的保护和投资行为的规范问题，政府依法保护投资者的经济权益，并对投资行为进行必要的管理和监督。要积极探索各种交通建设债券的发行和运用方式，以及 BOT 方式及其派生方式、经营权转让方式等多种融资方式，拓宽融资渠道。要借鉴国际上的先进经验，培育投资主体，按照商业原则组织投资和运营，使交通运输部门成为一个富有生机和活力的投资领域。

参考文献

[1] 王宪彬，邓红星. 交通运输系统工程［M］. 北京：机械工业出版社，2024.04.

[2] 朱鲤，张品立. 智慧绿色交通［M］. 上海：上海交通大学出版社，2024.04.

[3] 高洁，孙艳英，陈玉艳. 城市轨道交通运营安全［M］. 北京：机械工业出版社，2024.04.

[4] 陶红军. 国际运输与保险［M］. 重庆：重庆大学出版社，2023.06.

[5] 赵竹，潘屹，胡琰. 智能交通系统及应用［M］. 长春：吉林科学技术出版社，2023.06.

[6] 李永果. 公路工程施工与交通安全工程研究［M］. 长春：吉林科学技术出版社，2023.06.

[7] 赵骥，艾青. 交通场景中的计算机视觉技术及应用［M］. 北京：冶金工业出版社，2023.10.

[8] 刘强，孟凡奎，曹生炜. 交通运输与物流供应管理［M］. 长春：吉林人民出版社，2022.08.

[9] 王辉，刘宏刚，罗奋. 交通运输与经济发展［M］. 长春：吉林人民出版社，2022.03.

[10] 赵鲁华. 交通运输设备［M］. 北京：北京理工大学出版社，2022.07.

[11] 温惠英，赵胜. 交通运输综合实验指导［M］. 广州：华南理工大

学出版社，2022.04.

［12］唐娜．交通运输与中国经济地理的重塑［M］．武汉：华中科技大学出版社，2022.09.

［13］刘松，傅志妍，彭勇．交通运输中的数学问题：预测、优化与仿真［M］．成都：西南交通大学出版社，2022.08.

［14］胡晓伟，王健．运输技术经济学［M］．哈尔滨：哈尔滨工业大学出版社，2022.08.

［15］李晓村．货物运输组织实验教程［M］．成都：西南交通大学出版社，2022.02.

［16］朱利锋，刘伟，陈正飞．新时代交通运输领域军民融合深度发展研究［M］．上海：上海交通大学出版社，2022.08.

［17］王旭磊．危险化学品道路运输安全管理［M］．东营：中国石油大学出版社，2022.09.

［18］张开冉，张南．铁路运输安全管理第2版［M］．成都：西南交通大学出版社，2022.01.

［19］王雪松．交通安全分析［M］．上海：同济大学出版社，2022.02.

［20］焦海宁，郭濠奇．深度学习与智慧交通［M］．北京：冶金工业出版社，2022.06.

［21］陈华．行人交通安全心理导论［M］．成都：西南交通大学出版社，2022.04.

［22］张择瑞．交通工程学基础［M］．合肥：合肥工业大学出版社，2022.03.

［23］孙旋．大型交通建筑特殊消防设计与评估［M］．北京：中国计划出版社，2022.07.

［24］何杰．道路交通安全分析方法体系与应用［M］．南京：东南大学出版社，2022.02.

［25］左治江．基于视觉识别的智慧交通系统构建［M］．西安：西北工业大学出版社，2022.04.

[26] 周全, 马隽, 彭寅. 城市建成区域路桥设计施工技术与交通组织优化 [M]. 长春: 吉林科学技术出版社, 2022.08.

[27] 彭花, 贺正楚, 吴艳. 轨道交通产业的全产业链发展研究 [M]. 长沙: 湖南大学出版社, 2022.12.

[28] 帅斌, 王宇, 霍娅敏. 交通运输经济第 2 版 [M]. 成都: 西南交通大学出版社, 2021.12.

[29] 孙晶晶, 陈灿. 交通运输概论 [M]. 成都: 西南交通大学出版社, 2021.08.

[30] 陈皓, 王文宪. 交通运输系统优化模型与算法设计 [M]. 北京: 机械工业出版社, 2021.06.

[31] 牟向伟, 蒋晶晶. 交通运输物流大数据分析与应用 [M]. 武汉: 华中科技大学出版社, 2021.09.

[32] 王宁, 范春, 王超. 重庆交通运输业与旅游业融合发展研究 [M]. 重庆: 重庆大学出版社, 2021.10.

[33] 刘露. 物流运输与包装第 2 版 [M]. 合肥: 合肥工业大学出版社, 2021.09.

[34] 何太碧. 公路大件运输技术与安全 [M]. 成都: 西南交通大学出版社, 2021.01.

[35] 陈珂馨. 民航旅游运输市场管理与创新研究 [M]. 北京: 北京工业大学出版社, 2021.10.

[36] 李炳涛, 范红俊. 交通事故应急救援 [M]. 北京: 应急管理出版社, 2021.09.

[37] 盛海洋. 城市轨道交通安全管理 [M]. 武汉: 华中科技大学出版社, 2021.12.

[38] 刘武君. 综合交通枢纽规划第 2 版 [M]. 上海: 上海科学技术出版社, 2021.10.

[39] 王飞, 张国青, 朱平. 交通机电工程安装与运行 [M]. 长春: 吉林科学技术出版社, 2021.06.